图说 历史 丰碑

光武中兴

李默/主编

广东旅游出版社
GUANGDONG TRAVEL & TOURISM PRESS
批读书·悦旅行·做李人丛

中国·广州

图书在版编目（CIP）数据

光武中兴 / 李默主编 . — 广州 : 广东旅游出版社，
2013.10（2024.8 重印）
ISBN 978-7-80766-684-4

Ⅰ . ①光… Ⅱ . ①李… Ⅲ . ①中国历史－东汉时代－
通俗读物 Ⅳ . ① K234.209

中国版本图书馆 CIP 数据核字 (2013) 第 221360 号

出 版 人：刘志松
总 策 划：李　默
责任编辑：张晶晶　梁斯棋
装帧设计：盛世书香工作室　腾飞文化
责任校对：李瑞苑
责任技编：冼志良

光武中兴
GUANG WU ZHONG XING

广东旅游出版社出版发行
（广东省广州市荔湾区沙面北街 71 号首、二层）
邮编：510130
电话：020-87347732（总编室）　020-87348887（销售热线）
投稿邮箱：2026542779@qq.com
印刷：三河市嵩川印刷有限公司
　　　（河北省廊坊市三河市杨庄镇肖庄子村）
开本：650×920mm　16 开
字数：105 千字
印张：10
版次：2013 年 10 月第 1 版
印次：2024 年 8 月第 3 次印刷
定价：45.80 元

出版者识

　　《图说历史丰碑》是一部全景式图文并茂记录中国文明历史的大书。出版者穷数年之力，会集各方力量——专家、学者、编辑、学术顾问们，在浩如烟海的历史档案、资料、著作中，探珍问宝，追寻中华文明在悠悠历史长河中的灿烂之光。此书的出版，凝聚了编撰者的心血，学术顾问们的智慧。尤其是李学勤先生，亲自动笔写下了序言，更增加了本书沉甸甸的分量。

　　中华文明的历史充满了辉煌与苦难，成就和挫折。它的历史无处不在，决定着我们中国人今天的思想和感情。当今的中国和中国人是中华文明的历史造就的，是中华文明的历史的延伸，也是它的一个组成部分，中华文明的历史之河奔流到现在。

　　中华文明是人类历史上最伟大的文明之一，是人类文明发展的主要构成。中华文明丰富、深刻、辉煌、博大，在人类文明中的骨干作用和领导作用人所共知。在人类文明的发源时期，中国就是四大古国之一，是地球上文化的策源地之一。在人类文明的早期，中华文明成为文明在东方的支柱，公元前后200年间，人类的汉帝国与罗马帝国这两只铁手攫住了地球。在欧洲进入中世纪的时候，中华文明更成为人类文明最主要的领导，它的文明统治东亚，传遍世界。进入近代，中华文明处于自身的重压和西方的欺凌下，但中国人民的斗争史和奋起精神是人类文明历史中不可缺少的一页。

　　五千年的中华文明为人类贡献出了从思想家孔子到科学技术的四大发明、从唐诗宋词到长城运河的伟大创造，贡献出了从诸子百家到宋明理学，从商周铜器到明清文学的深刻内涵，也贡献出了从五霸七强到三国纷争、从文景之治到十大武功的辉煌历史。中华文明的历史绚烂多彩，在人类文明的历史长河中永放光芒。

　　中华文明也是人类历史上最独特的文明，没有哪一个文明像中华文明这样持久，这样统一一致。世界上其他文明不但互相交错，其创造者也都与高加索体质的人种有关，它们是姐妹文明。在人类历史中，只有中华文明才是独特的，它的创造者是中国土地上的中国人民，与其他任何地方的人民都没有关系，它的文化是统一一致的文化，可以不依赖于其他任何文明而生存，但中华文明也绝不是封闭的，它接受他人的文化，也承担自己对于人类的责任。

　　人类进入新世纪，中国的社会经济发展令世人瞩目。人们对于世界未来的政治和经济结构的估计无不以东亚和太平洋为中心，而尤以中国为重点。

经济起飞只是当代中国的一个方面，中国的精神文明的建设尤为刻不容缓。如果中国要自觉地发展中华文明，要有意识地使中国的发展具有世界意义，就必须发展强有力的精神文化，这样才能使中华文明的发展进入一个新的阶段，才能形成中国和中华文明的全面现代化。

而中国的精神文化的发展植根于中华文明的伟大传统之中。进入近代之后，在西方文化的冲击下，对于中国文化的价值产生大量的情绪化和激烈冲突的论调。"五四"运动打倒孔家店的口号具有冲破封建束缚的时代意义，对中国文化的发展有不容否认的正面意义，与文化虚无主义是完全不同的。文化虚无主义者否定中国传统文化，在现代化的旗帜下主张全盘西化；而复古主义则沉迷于中国文化的古董，走进反进步、反科学的泥潭。

历史的发展则超越了所有这些论点，产生这些论调的一百多年来的中国近代史已经结束。历史要求中国发展，要求中国走在全世界发展的前列。西化论和复古论都已过时，历史已经要求世界超越西方，中国可以承担起世界的命运，而中国的现实和世界的历史都说明，中国的使命在于它的发展前进，而非倒退。

中华文明走出迷惘的时代，我们这一代处在一个伟大而具有挑战的历史阶段。

总结历史、展望未来，这就是《图说历史丰碑》的意义和使命。我们创作《图说历史丰碑》，力求总结和回顾中华文明的全貌，在内容和形式上都开创一个新的局面。在内容结构上，既具有一定的深度，又具有相当的广博性，既有严谨、准确的学术价值，又有活泼、流畅的可读性。我们在本丛书内容纳了中华文明的各个方面，使它综合了大规模学术著作的系统性、严密性和普及读物的全面性、简易性，它既可作为大型工具书检索中华文明的各个成分，又可作为通俗的读物进行浏览。

我们从上世纪90年代初起就开始思考中华文明的历史和现实问题，并逐渐形成了编著《图说历史丰碑》的设想。在开展这项庞大的文化工程之始，我们就聘请了国内权威学者李学勤、罗哲文、俞伟超、曾宪通、彭卿云诸先生担任学术顾问，他们对计划作了充分讨论，并审阅了大量初稿。我们聘请了广州、香港地区的社会科学学者、大学教师、研究生以及我社编辑人员几十人担任稿件的撰写工作。

通过创作这部书，我们深深地感受到了中华文明的博大精深，也感受到了它的内在缺陷。中华文明具有辉煌的时期，也有苦难的年代，有它灿烂的成就，也有其不足的方面。中华文明在自身中能够吸取充分的经验和教训，就能够使自身健康壮大，成长发展。

通过创作这部书，我们也深深感受到了出版事业的使命和重任。我们希望这部书能受到广大读者的喜爱，起到它所应当起的作用。为中华文明的反省、前进和奋起作一点贡献。

目 录

汉宣帝去世

　　黄龙元年（前 49）宣帝病重，拜外戚侍中乐陵侯史高为大司马、车骑将军，太子太傅萧望之为前将军、光禄勋，少傅周堪为光禄大夫，皆受遗诏辅政，领尚书事。同年十二月，宣帝死于未央宫，年 43 岁。次年正月葬于杜陵。

　　宣帝在民间长大成人，高材好学，躬行节俭，慈仁爱人，赏罚必信。在位时强调"霸道"、"王道"杂治，励精图治，重视吏治，综核名实，平理刑狱。继承昭帝遗法，划苑囿、公田假给贫农耕种，减免田赋，降低盐价，使农业有新的发展，谷价五到八钱一石，为西汉以来最低的记录。他还在沿边设立常平仓，谷贱则籴，谷贵则粜，以

汉宣帝像

调剂边地需要。同时手工业也有发展。神爵二年（前60）
置西域都护。甘露二年（前52）匈奴呼韩邪单于降汉，次
年入汉朝见。这对发展西域、沟通东西商路，有一定作用。

汉以粮资助匈奴

汉初元元年（前 48），国困民饥。九月，关东 11 郡国出现大水灾，灾区闹饥荒，出现人相食的惨状。汉元帝下令附近郡县转运钱粮救济灾民。这一年，匈奴呼韩邪单于上书元帝，反映民众的穷困疾苦。元帝诏令从云中（今内蒙托克托）、五原（今包头西北）郡调拨二万斛粮食资助单于。

郅支单于败死

　　自汉昭帝时匈奴发生五单于争立事件后，匈奴分裂为南北两部。南匈奴呼韩邪单于在宣帝年间降汉，北匈奴郅支单于被迫西迁，以"右部"为根据地，继续与汉为敌。

　　郅支单于先后出兵进攻乌孙、乌揭、坚昆、丁零。又困辱汉使江乃始等，并派使者至汉要求接回其入侍汉朝的儿子。初元五年（前44），汉元帝派卫司马谷吉等护送郅支单于侍子回国。郅支单于杀谷吉等人，向西逃往康居（今苏联中亚北部），并多次与康居联合出兵乌孙，深入赤谷城，杀掠人民，驱赶牲畜而去，一时西域震动。

　　汉朝使者谷吉等被杀后，汉元帝三次派遣使者到康居，索还谷吉等人的尸体。郅支单于困辱汉使，不肯从命。建昭三年（前36）冬，西域都护甘延寿、副校尉陈汤奉命出使西域，察知时势，假传朝廷命令征发在车师屯田的吏卒和西域15国军队共4万人，分两路讨伐郅支单于：南路出葱岭经大宛攻入康居南部；北路自温宿越天山攻乌孙赤谷城。郅支单于

兵败被杀，阏氏、太子、名王以下 1518 人被斩，生俘 145 人，

1000 余人投降。经过这次战役，随郅支单于西迁的匈奴人

几乎全部覆没。

汉匈和亲·昭君出塞

　　建昭三年（前36），汉朝消灭郅支单于，帮助呼韩邪单于重新统一匈奴。呼韩邪又高兴又害怕，在建昭五年（前34）上书汉朝，表示要入汉朝见汉帝。

　　元帝竟宁元年（前33）正月，呼韩邪单于第三次入汉

明代仇英绘《明妃（昭君）出塞图》

昭君墓

觐见汉帝（前两次为前51年、前49年），提出愿为汉婿，复通和亲之好，元帝准其要求，把宫女王嫱以公主的礼节嫁给呼韩邪单于。王嫱，字昭君，南郡秭归（今湖北）人，幼时被选入宫做宫女。当得知朝廷选宫女与匈奴和亲的消息，昭君慷慨应召，愿远嫁匈奴。昭君姿容丰美，仪态大方，通情识理，深得呼韩邪单于钟爱。昭君离开长安时，文武百官一直送到十里长亭，她怀抱琵琶，戎装乘马出塞。到匈奴后，呼韩邪单于封她为"宁胡阏氏"。后生一子，取名伊屠智牙师，长大后被封为右日逐王。成帝建始二年（前31），呼韩邪单于去世。依匈奴风俗，昭君复嫁复株累单于（呼韩邪单于与大阏氏子），又生二女。昭君出塞后，匈奴与汉朝长朝和睦相处，汉匈民族间政治、经济、文化的联系有所发展，边境安宁，百姓免遭战争之苦。元帝下诏将昭君出塞这一年改元竟宁。

王氏五侯·外戚政治抬头

西汉河平二年（前27）六月，王谭、王商、王立、王根、王逢时等同时被汉成帝封侯，时称"五侯"。这一事件标志着西汉外戚专权的抬头。

外戚王氏家族得势，缘于元帝皇后王政君。王政君生刘骜（即成帝），被元帝立为皇后，其父王禁被封为阳平侯，王禁之弟王弘被封为长乐卫尉。王禁死后，其长子王凤继承爵位，官拜卫尉侍中。

刘骜继位后，尊政君为皇太后，任命王凤为大司马大将军，并负责尚书事务。又封政君同母弟王崇为安平侯，封王凤庶弟王谭等五

铜贮贝器

猪虎搏斗铜饰

西汉骑士猎鹿鎏金扣饰

人为关内侯：即封王谭为平阿侯，王商为成都侯，王立为王阳侯，王根为曲阳侯，王逢时为高平侯。自此，王氏家族把握了朝廷军政大权，不可一世，而成帝则一味姑息。王凤秉权专势，威震朝廷，郡国太守、丞相、刺史等各级官员都出于他的门下，他后来又任命侍中太仆王音就御史大夫高位。

王凤死后，王音继为大司马大将马。五侯相继死后，其子皆继承爵位。王氏亲属封侯者已近十人。

永始元年（前16），王政君又封早亡兄王曼为新都哀侯，封侄子王莽为新都侯。

外戚把持朝政，为后来的王莽篡汉创造了条件。

西夷之乱平息

汉成帝河平二年（前27）冬，牂柯郡夜郎王兴、牂町王禹、漏卧侯俞起兵反汉，羊柯太守请求朝廷发兵诛杀兴等。成帝召集大臣商量对策，大臣认为路途遥远不宜派兵进击。于是成帝派遣太中大夫张匡，手持信节前往调解劝降。兴

西汉虎噬鹿铜扣饰。云南滇人青铜器。

等并不从命，还雕刻汉使臣木像，摆在路旁，当射箭靶子。朝廷又任命陈立为牂柯太守，前往调解。陈立到了牂柯，谕告夜郎王兴罢兵归降，兴还是不从。陈立便召来夜郎王兴，数说其罪状后杀之。夜郎邑君说：将军杀了目无王法的兴，实在是为百姓除了大害。于是放下武器投降。鉤町王禹、漏卧侯俞听到消息后，大为惊恐，便献牛羊等慰劳汉军将士。陈立率军回郡。不久，兴的岳父翁指和其子邪务收集余兵，胁迫周围二十二邑一起反汉。陈立上奏召募诸夷，与都尉、长史分别率军攻击翁指。翁指占据天险死守，陈立派奇兵断其粮道，又运用反间计引诱其部属。当时天大旱，陈立率兵攻绝翁指取水之道，夜郎人不能支持，斩杀翁指，献其首级投降，西夷之乱平息。

西汉云南滇人青铜器

王莽发迹

　　王莽字巨君，魏君元城（今河北大名东）人，为元帝皇后王政君的侄子。王氏家族在元帝、成帝统治年间先后有九

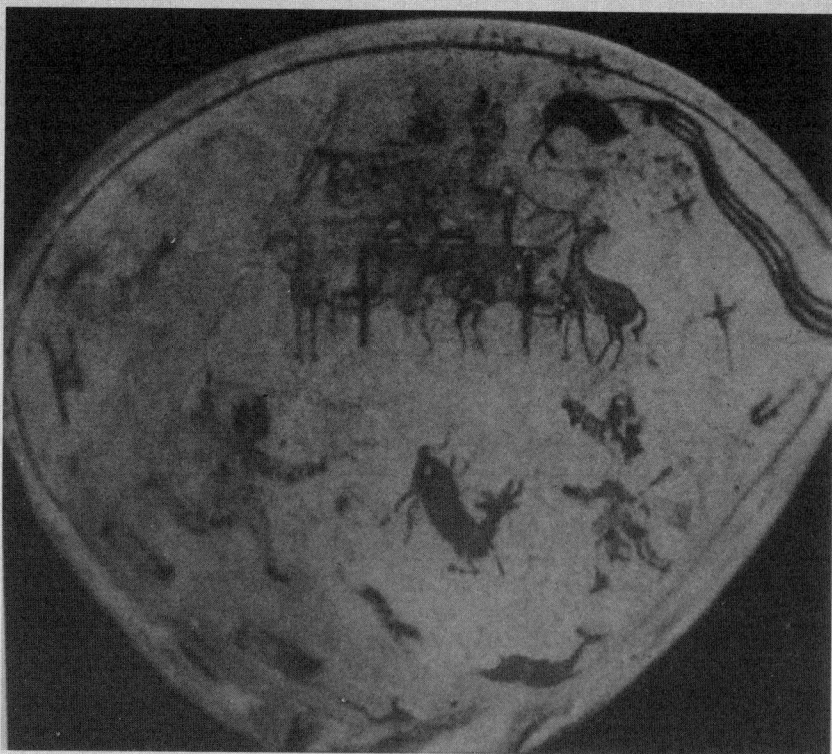

贝壳彩绘狩猎图

彩绘陶壶。西汉彩绘陶器继承了战国的彩绘技术
而进一步发展，以壶类数量最多，纹饰也最精美。
绘有青龙、玄武、白虎、朱雀的生动形象，技巧
熟练，色彩富丽，风格豪放，发挥了中国绘画线
条的特长。

人封侯，五人官拜大司马，权倾朝野，威重一时。王莽的
堂兄弟都是将军列侯之子，因为时尚奢靡，都沉迷于声色
犬马之中。而王莽的父亲王曼早死，未被封侯，家境贫寒，
因此他为人谦逊有礼，勤奋博学，在外广为结交有识之士，
在家里殷勤服侍各位叔伯，颇有礼节。阳朔中，伯父大将
军王凤患病，王莽在病榻旁服侍，亲口尝药，蓬头垢面无暇
自顾，一连几月衣不解带。王凤临死前，把他交托给太后

王政君与成帝。成帝任命他为黄门郎。永始元年（前16）
五月，王政君封早年死去的哥哥王曼为新都哀侯，又封王
莽为新都侯，封地位于南阳新野的都乡（今河南新野南）。
后来升迁骑都尉，光禄大夫、侍中，渐渐掌握汉朝廷大权，
开始有了篡位改制的野心。

赵飞燕专宠·班婕妤奉长信宫

汉鸿嘉三年（前18），成帝刘骜微服巡行，经过阳阿公主家，见歌女赵飞燕艳丽非常，便召她入宫，极为宠幸。不久，成帝又将其妹赵合德召入宫中，封赵氏姊妹为婕妤。从此赵氏姐妹贵倾后宫，原来受成帝宠幸的许皇后和班婕妤都失宠。为了进一步巩固自己在宫中的地位，赵飞燕又

明·仇英绘"汉宫春晓图"

车马过桥画像砖

汉代兽面纹玉铺首。铺首为建筑门怖。此铺首加工精
细，兽面狰狞，是不可多见的珍品。

诬告许皇后、班婕妤有邪媚之道，诅咒后宫与皇上。同年冬十一月，成帝废许皇后，将她赶至昭台宫，又诛杀皇后之姊谒，并将其亲属发送回故里。永始元年（前16）成帝立赵飞燕为皇后，又封赵合德为昭仪，

居昭阳宫。该宫全用黄金、白玉、明珠、翠羽装饰。

班婕妤，名不详，楼烦（今山西朔县东）人，是班固的祖姑（姑奶奶）。从小便有才学，善于写诗作赋。成帝初即位时，她被选入宫，开始为少使，不久得宠立为婕妤。成帝曾想和她同车游后庭，班婕妤婉言拒绝，她说：看古代图画，圣贤君主都有名臣陪侍一旁，末代昏君才有宠姬相陪；如今皇上想与我同车，难道不和此相似吗？成帝认为班婕妤颇为贤慧。后来赵飞燕姐妹得宠，班婕妤和许皇后进见皇帝的机会渐少。许皇后被赵氏姐妹诬陷后，婕妤见情势危急，便请求去长信宫侍奉皇太后。成帝死后，她奉守陵园，死后葬于园中。刘骜因宠爱赵氏姐妹，便把军政大权交给外戚王氏掌管，汉朝由此步入外戚专权的时代。

西汉末天下多乱

西汉末年，政治腐朽，外戚专权。皇族、贵戚、官僚和豪强地主依靠政治、经济特权，疯狂地兼并土地，加速了农民的破产流亡，使阶级矛盾日益尖锐；而统治阶级的急征暴敛，大兴徭役，使劳动人民生活陷入绝境，不能不起而反抗。于是各地纷纷爆发了反抗西汉封建统治的武装斗争。

汉成帝阳朔三年（前22）夏六月，颖川（今河南禹县）官营铁场工人申屠圣等180人起义。他们"杀长吏，盗库兵，自称将军，经历九郡"。成帝鸿嘉三年（前18），广汉（今四川梓潼）郑躬等60余人，"攻官寺，篡囚徒，盗库兵，自称山君"。起义曾经扩展到四个县，人数达一万多，坚持斗争达一年之久。成帝永始三年（前14）十一月，尉氏（今河南尉氏县）樊并等13人起义，杀陈留太守，自称将军。同年十二月，山阳（今山东金乡）官营铁场工人苏令等228人起义，"攻杀长吏，盗库兵，自称将军，经历郡国十九"，并"杀东郡太守，汝南都尉"。太初四年春，天大旱，关东百姓传行西王母筹，经历郡国，入关直到京城。京城百姓又会聚西王母祠庙，有的人夜晚持火上屋，击鼓呼叫。

胡风舞流入中原

　　西汉时期，西域乐舞开始内传，大大丰富了中原舞蹈艺术形式，在中原刮起一阵不小的"胡风"。

　　《西京杂记》中就有关于《于阗乐》的记载，《于阗乐》

西汉彩绘骑马武士俑

西汉双人舞盘鎏金铜扣饰。青铜铸高浮雕，背面有一榫扣供装置。舞俑高鼻深目，梳髻，着长袖交襟有领上衣，细裤腿至足踝，跣足佩长剑。

即西域乐舞，这一记载不尽可信，但至少在张骞出使西域后，西域乐舞就开始传入内地。

汉代在吸收外国和国内各族乐舞的同时，外国及各族使节和乐舞艺人也在做着舞蹈艺术的交流工作。《后汉书·南蛮西南夷列传》中记载，永初元年（107），掸国（今缅甸北部）国王雍由调派使者向汉安帝献上吐火、跳丸之技，不仅赢得阵阵赞叹，还在群臣中引起一场争论，最后，跳丸、吐火等幻术杂技成了汉代宫廷与民间不可缺的节目。汉朝与西域各地的和亲联姻活动，也成为舞蹈交流的一个途径。汉武帝把细君公主嫁给乌孙王、汉宣帝把解忧公主嫁给乌

西汉四乐舞俑。滇人贵族墓随葬品。四俑立于一横长条形铜柱上。一俑吹笙踏足，三俑徒手舞蹈。

孙王，在多次谨见、探亲、朝贺活动中，舞蹈艺术得到了交流。

由于西域乐舞的大量传入，到东汉灵帝时，"胡风舞"成了宫廷内外深受人们欢迎的舞蹈。这些"胡舞"的舞容舞情，史籍未见详细记载，但从其他文献和某些文物图像中可以作出一些推测。贾谊《新书·匈奴》记载了汉初匈奴的胡戏表演，艺人戴着假面并由萧鼓伴奏，边翻滚跌扑，边舞蹈跳跃，实际上也就是和杂技一起串演的胡舞。1981年河南西华发现的西汉晚期墓葬

西汉舞蹈壁画。此为生活饮宴画面中的舞蹈部分。此画先用颜色绘出形象，再用墨点睛并勾画出胡须、衣裙。色彩鲜丽，墨线生动飘逸。是研究西汉舞蹈和绘画的重要资料。

出土的一批空心浮雕式画像砖中，有几块是胡人舞俑画像，这些形象都是深目、高鼻，面部表情丰富，有的还有八字胡或络腮胡，舞蹈姿态多为两臂架起，一手上抬，一手抚腰，双腿有蹲有跪，似乎正以或滑稽、或潇洒的舞蹈表演取悦观众。

胡风舞传入中原后，很快同汉朝舞蹈结合。山东济宁古亢父城出土的汉画像石上有一幅"乐舞杂技图"，画中10位杂技艺人都是高鼻、裸体、椎髻，表演舞轮、跳丸、跳剑和《鼓舞》等舞蹈和杂技，而10位乐人、歌者都全是汉人面容和装束。从他们使用的乐器埙、排箫、笙等看，很像《清商乐》的体制。画中显然是中原乐队与"胡舞"、杂技结合表演的情景。

在汉朝与缅甸、印度、朝鲜、日本等国贸易往来中，也有文化艺术以及舞蹈的交流。《后汉书·东夷列传》就记载了汉朝的舞乐伎人将中原舞蹈传到朝鲜，同时也学习了朝鲜民族舞蹈。

中原与南方边陲地区在汉代也有广泛的舞蹈文化交流。广州一带就出土了许多具有浓郁中原舞蹈风味的汉代玉雕舞人。广州象岗南越王赵眜墓6个玉雕舞人，有的绕舞长袖，有的双双并立而舞，有的欲轻盈举步，舞姿形态十分生动，有一种古越族与汉族舞蹈相互交融渗透所产生的别致风韵。

汉代对东北和北方地区的开拓和交往，使这一地区许多民族、地区的风俗性舞蹈活动载入了汉朝史书。《后汉书·东夷列传》就记载了东北地区少数民族的生活习惯和歌舞习俗。

　　汉代，外国和我国各少数民族舞蹈艺术从各种渠道传入中原，在中原舞蹈和其他民族舞蹈融合的过程中，舞蹈艺术得到了各方面的充实和升华，为后代舞蹈艺术的发展奠定了坚实的基础。

氾胜之推行区田法

西汉时期，牛耕更加普遍，铁农具进一步推广，水利工程大量兴建，大大促进农业生产的发展，农业耕作技术也有所提高。

西汉后期，氾胜之在田川种法和代田法基础上，又总结出一种新的园田化的耕作方法——区田法。成帝时得以推

拾粪画像砖

故草间有光说女傅自班
雨名著沃壤沾：滿营孔
腾朗鳥下涞作口鸣夹雨
救里辉如密工大在如許

《耕织图》中的施肥情景

广。其具体作法：一是开沟点播，将大块土地分成许多小区，再在每小块地上开深沟，作物即点播在沟内。二是坑穴点播，在土地上按等距离挖方块或圆形的坑，坑的大小、深浅、方圆、距离随作物不同而异，作物即点播在坑内。种植禾、黍、麦、大豆、胡麻等，用开沟点播；种植粟、麦、大豆、瓜、芋等用坑穴点播。区田法还须点播密植；在播种前要用肥料和可防虫的物质处理种子，叫"溲种"；播种后要注意中耕除草、保墒和灌溉。区田法由于集中使用水肥，

双侧辟土。西汉铁制耕犁翻土器。

精耕细作，大大提高了单位面积粮食产量，而且，它既可适用于平地和熟田，又可在坡地和荒地上实施，有利于扩大土地利用范围。

师丹主张限制占田

西汉后期，随着土地兼并的加剧，社会矛盾越来越尖锐。

为了缓和土地兼并加剧的危机，绥和二年（前7），大司马师丹向汉哀帝提出建议：如今天下承平日久，豪富人家累积巨资，而贫民愈来愈贫困，应当适当地加以限制。哀帝将他的建议下达给群臣商议，丞相孔光、大司空何武等人予以支持，并提出具体方案。其规定如下：诸王、列

桑园画像砖。此画像砖构图简洁，仅用线条和浮雕勾划出一片繁茂的桑园。

侯以下至吏民，占田以 30 顷为限；占有奴婢，诸王不得超过 200 人，列侯、公主不得过 100 人，列侯以下至豪富吏民不得超过 30 人；商人不得占有田地，也不得做官。此法遭到贵族官僚地主的反对，最终未能实行。

贾让提出治河三策

　　贾让是中国西汉筹划治河的代表人物，生卒年不详。因提出治理黄河的上、中、下三策而著名。当时黄河频繁决

黄河金堤。春秋秦汉时期开始修筑，后经历代兴修加固，终成金堤。

口，灾患严重。朝廷征集治河方案，汉绥和二年（前7），贾让应诏上书。内容包括：上策主张不与水争地。针对当时黄河已成悬河的形势，提出人工改道、避高趋下的方案。他认为，实行这一方案，虽要付出重大代价，但是可以使"河定民安，千载无患"。中策是开渠引水，达到分洪、灌溉和发展航运等目的。他认为这一方案不能一劳永逸，但可兴利除害，能维持数百年。下策是保守旧堤，年年修补，劳费无穷。贾让治河三策具有以下特点：①第一次全面地对治理黄河进行了方案论证，较完整地概括了西汉治黄的基本主张和措施。②首次明确提出在黄河下游设置滞洪区的思想。③论证方案时首次提出经济补偿的概念，主张筹划治河工费用于安置因改道所需的移民。④提出综合利用黄河水利资源，具体论证开渠分水有三利（低地放淤肥田，改旱地为稻田，通漕运），不开则有三害（民常忙于救灾，土地盐碱沼泽化，决溢为害）。⑤分析了黄河堤防的形成、发展过程及其弊端。由于上述特点，他的治理黄河三策对后世治河产生了重要影响，是古代治河思想方面的重要遗产之一。

槐市兴起

公元前 1 年，王莽做大司马录尚书事，下令征集天下通晓古今经文及天文、历算、兵法、方术（医学）、本草（药

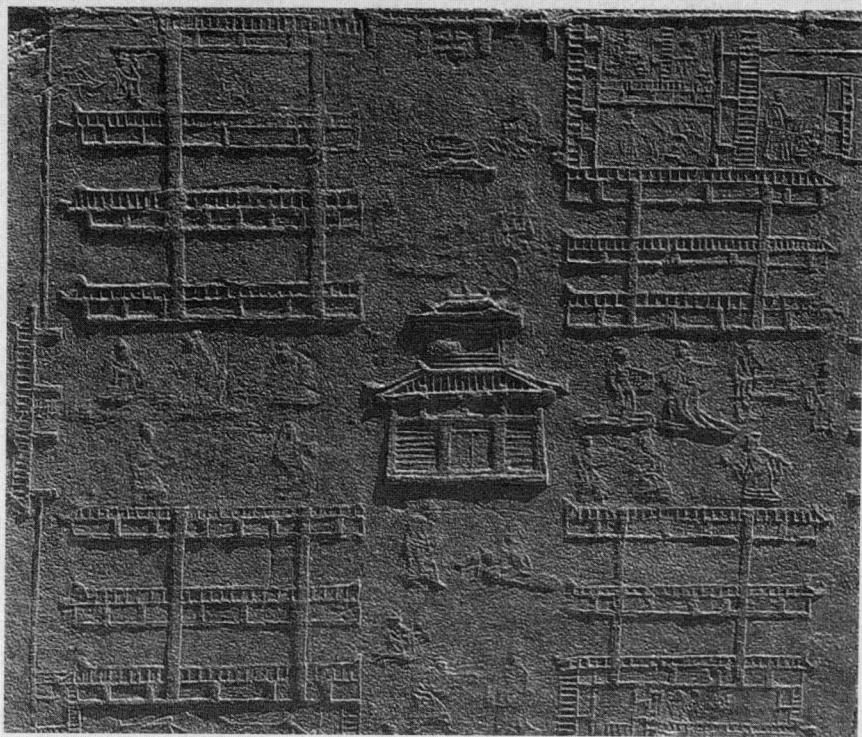

市井图画像砖

学）的士人数千人到京师长安。又增多太学生名额，扩大学舍使之能容纳 10800 人，众多士人和太学生的聚集，扩大了对书籍的需求。于是每逢农历初一、十五，在长安城东南、太学附近，士人和太学生多会于槐树林下，"各持其郡所出货物及经传书籍、笙磬乐器，相与买卖，雍容楫让，或议论槐下"（引自《三辅黄图》）这就是中国西汉时期长安买卖书籍的集市，因为那里槐树成林，没有墙屋，故而得名为"槐市"。

　　槐市兴于西汉末期，历时 20 年。更始元年（23），王莽政权崩溃，在战乱中太学解散，槐市也随之消失。

东门市画像砖

佛教传入中国

　　元寿元年（前2），博士弟子景卢从大月氏王使臣伊存授浮屠经。这是佛教思想传入中国的最早文献记录。

　　佛教发源于古印度，两汉之际，佛教主要经由西域传入中国内地。关于佛教传入中国有两种说法。一者认为，西

蓝白染花棉布。中央主题佛像已缺，佛像左侧为小方块纹边饰，下面为龙与鸟兽纹边饰。推测原件为较巨幅的蜡染装饰性宗教画。

汉代铜四人博戏俑

汉武帝时（前140～前86），张骞通使西域，从此开辟丝绸之路，印度佛教就经过中亚诸国，顺着这条经济文化渠道而进入了中原。《三国志》卷三十注引《魏略·西戎传》称："天竺又有神人，名沙律。昔汉哀帝元寿元年，博士弟子景卢受大月氏王使伊存口受《浮屠经》，日复立者，其人也。"认为西汉末佛教已传入中国。另一者认为，佛教在东汉初传入中国。东汉明帝曾派蔡愔、秦景出使天竺，蔡愔和沙门摄摩腾，竺法兰回到洛阳，在洛阳建立白马寺。

东汉初年（25）后，上层权贵已有信佛的人，但只是把佛陀依附于对黄老的崇拜。在一般人心目中，佛教教义与黄老之学宣传的道教理论相类似，佛陀类似于神通广大的神仙。东汉时期一直把黄老浮屠混而为一，信奉的人也多是西域僧人。由于佛教依附于黄老道术，不能够充分显示自身的特色和力量，所以不能够引起社会强烈关注。直到汉末，情况才开始有所改变，在地方和民间佛教信徒才一天天增多起来。

东汉时期是佛教传入中国之后的第一个阶段，它的特点是不举行太多的外在活动，而把主要精力用在传经、译经、积蓄力量上面。最早的汉译佛经是《四十二章经》。安息国僧安世高于桓帝间来洛阳开始译经，在20多年中共译经34部40卷，主要有《安般守意经》、《阴持入经》、《人本欲生经》、《大十二门经》、《小十二门经》、《道地经》等，介绍小乘禅法。月氏僧人支娄迦谶于桓帝末年至洛阳，灵帝间译出佛经14部27卷，如《般若道行品经》、《首楞严经》、《般舟三昧经》等，都是大乘佛教经典，向中国人首次介绍了印度大乘般若学的理论。

汉哀帝死·王莽秉政

元寿二年（前 1）六月，汉哀帝刘欣 25 岁时因荒淫过度死于未央宫，同年十月被葬于义陵（今陕西西安市郊）。

哀帝死后，太皇太后王政君即往未央宫收取御玺，又派使者召回王莽，命令尚书、所有发兵符节、百官奏事、中黄门和期门兵都属王莽统辖。同月，哀帝时以男色得宠至高位的大司马董贤被罢免，当日自杀。王太后命令公卿大臣推举可担任大司马的人选。大司徒孔光和大司空彭宣都推举王莽，前将军何武和左将军分孙禄则互相推举。王太后于是任命王莽为大司马，并负责尚书事务。

七月，太皇太后和王莽命令车骑将军王舜、大鸿胪左咸持符节前往迎接中山王之子刘衍，把他立为皇太子。八月，大司空彭宣不满王莽专权，上书自请告老还乡。于是王莽禀告太后，免彭宣职，任命王崇为大司空。九月，刘衍即皇帝位，当时年仅九岁，由太皇太后临朝听政，大司马王莽把持朝政。文武百官便克制自己的言行，听命于王莽。同月，王莽贬孔光为平帝太傅，任命马宫为大司徒。

王莽诛除异己

元始三年（3）夏，王莽为了巩固自己的权力地位，上书给太皇太后，建议排斥平帝外戚卫氏，以免重蹈哀帝尊显外戚丁、傅两家而排斥王家的覆辙。于是，派甄丰携绶带，就地赐封平帝之母卫姬为中山孝王后，赏赐平帝的舅父卫宝、卫玄关内侯爵位，让他们都留在中山国，不准进京。

王莽的儿子王宇害怕日后遭祸，反对王莽排斥卫氏，并暗地里写信给平帝的舅父卫宝，让平帝之母卫姬上疏，请求进京。但王莽拒不答应。王宇便和老师吴章、内兄吕宽一起密谋，想通过制造怪异现象恐吓王莽，迫使他把政权移交给卫氏。事情暴露后，王莽将王宇逮捕下狱，逼他服毒而死。同时将吴章腰斩，并诛杀卫氏所有亲属。而且，王莽还进一步以此案为借口，追究迫害有关皇族及大臣，被牵连在内有：敬武公主（元帝之妹），红阳侯王立（王莽之叔），平日为人忠直不肯依附王莽的大臣，以及名臣何武、鲍宣等，多达数百人，都被判处死刑。天下为之震惊。

初始元年（8）十一月，期门郎张充等六人策划绑劫王莽，立宣帝曾孙楚王刘纡为帝。事情泄露后，王莽将六人处死。这一系列诛除异己的行动是王莽篡汉自立的前奏。

王莽托古改制·摄位篡汉

公元 8 年 12 月，王莽伪称顺应天命，篡汉自立为皇帝，改居摄三年为初始元年。

平帝元始元年（1）正月，王莽辅助幼主，自以为功比周公，想昭示天下人，为自己邀功请赏。他便暗示益州郡官吏命令郡外的越裳氏进献一只白雉两只黑雉。又建议王太后下诏，将白雉进献祖庙。于是群臣盛赞王莽有安定汉朝的大功，提议赐号称"安汉公"。王太后同意。王莽再三推辞后方接受尊号。后又暗示公卿上奏：太后年事已高，不应亲自处理小事。于是，太后下诏除赐封爵位一类大事外，其他政事都由安汉公和四位辅臣商议处理。这样，王莽的权力几乎等同国君。

元始四年（4），根据古时周公为周朝大宰、伊尹为商朝阿衡的旧事，为王莽加封号"宰衡"，以示尊重，居上公之位。同年夏天，王莽为了笼络儒生，为代汉自立、膺受天命作舆论准备，上奏兴建明堂（古时天子举行重大典礼之所）、辟雍（天子所设的大学）、灵台（天子观象、望气之台）；并为学者筑学舍万间，征召天下硕学异能之士。先后来到京师的达上千人。

元始五年（5）五月，以富平侯张纯为首的902名公卿大夫、博士、列侯、议郎等联名向太皇太后上书，称颂王莽功德比伊尹与周公，请加"九锡"。太皇太后便下诏赐给王莽"九锡"的待遇。同年十二月，王莽见平帝为母卫后被留在中山国而愤愤不平，便在年终大祭时奉上椒酒，置毒酒中，毒死了14岁的平帝。平帝死后，前辉光谢嚣上奏太皇太后说：武功（今陕西郿县东）有人在打井时得一白石，上刻"告安汉公莽为皇帝"。王莽便指使同党向太皇太后上书，要求让他代天子临朝。太皇太后无奈，只好顺从这一要求，由王莽摄政，称为"摄皇帝"。次年，王莽改年号为居摄元年。三月，王莽立年仅两岁的刘婴（宣帝玄孙）为皇太子，号称"孺子婴"，以效仿周公摄政旧事，为代汉自立作准备。此后数年间，关于王莽应代汉称帝的符命图谶频繁出现。

居摄三年（8）十一月，未央殿前出现铜符帛图，上面写着："天告帝符，献者封侯。承天命，用神令"数字。王莽认为是摄皇帝将要成真皇帝的征兆，便改年号为"初始"。不久，梓潼（今属四川）人哀章制作铜匮，内藏"天帝行玺金匮图"与"赤帝玺某传予黄帝金策书"，伪托高祖遗命，令王莽称帝。随后捧铜匮至高帝祠庙，交给高庙仆射。仆射将此事报告了王莽。王莽便到高帝祠庙接受铜匮，然后戴上王冠进见太皇太后，转身坐在未央宫前殿，即真天子位。定国号为"新"，以十二月朔（初一）为始建国

"大泉五十"铜范。王莽托古改制，进行了四次币制改革，先后实行37种不同质地、不同式样、不同单位的货币；尤其是新莽政权五物六名二十八品的"实货"制，繁琐混乱，为世界货币史上所仅有。值得一提的是，王莽时期钱币铸造精美，图为7年"大泉"铜范。

元年正月朔，服色尚黄。至此，西汉灭亡，王莽达到了他的托古改制，篡汉自立的政治野心。

行五均、赊贷及六筦之法

　　始建国二年（10）二月，王莽下令实行五均、赊贷、六筦之法。

　　五均赊贷是政府对城市工商业经营和市场物价进行统治与管理，并举办官营的贷款业务。具体办法是：在长安及洛阳、临淄、邯郸、宛、成都等五大城市设立五均官，改市令（长）为五均司市师，下设交易丞 5 人，钱府丞 5 人。其职责主要是平准物价。司市官在四季的中间月份根据实

新莽铜嘉量铭。嘉量制造精湛，是研究新莽度量衡制度的重要实物；而且书法艺术性很高。虽是小篆体式，但结体宽博，笔划方折，竖画垂长，字形呈纵势，上紧下松，已是汉篆的风貌。

际情况定出合理价格，作为"市平"，即市场标准价格。若市场价格高于"市平"，司市官就以"市平"抛售物资；若市场价格低于"市平"，则听任民众自相买卖。此外，五均官还负责征收工商税，并经营对平民的赊贷。规定贫民遇有丧葬、祭祀或想经营工商业而无资金的，可向钱府丞贷款。祭祀贷款限十天归还，丧事限三个月归还，都不收利息；工商贷款每年要交十分之一的利息。

　　五均赊贷与政府实施经营的盐、铁、酒、铸钱和收取山泽税，合称为"五均六筦"。

　　由于王莽政权的腐朽，推行上述政策官员多出身大工商主，他们与地方豪富吏民狼狈为奸，操纵物价，假公济私，强取百姓货物，中饱私囊，至使广大中小工商业者甚至居民深受其害。五均六筦成了对百姓的暴政。

最早的游标卡尺出现

新莽时期，汉朝人制造的一种铜卡尺，是我国迄今发现最早的游标卡尺。

现代的游标卡尺是一种精密的端面长度计量器具，主要由主尺、固定卡尺、游标架、活动卡尺、游标尺、千分螺丝滑块等部分组成。王莽时期的铜卡尺从原理、性能与用途来看同现代的游标卡尺都极为相似。这件铜卡尺全长14.22厘米，由固定尺和活动尺两部分组成。在固定尺的中间开有导槽，活动尺上装有导销，使活动尺可以随导槽左右滑动。活动尺正面刻5寸，固定尺正面也刻5寸，除右端1寸外，左边4

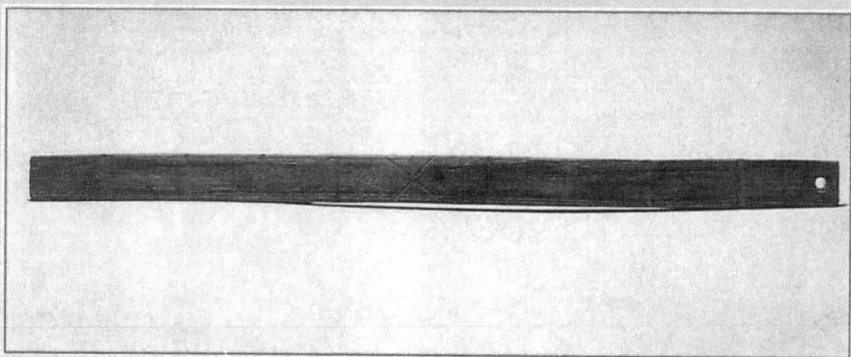

西汉木尺

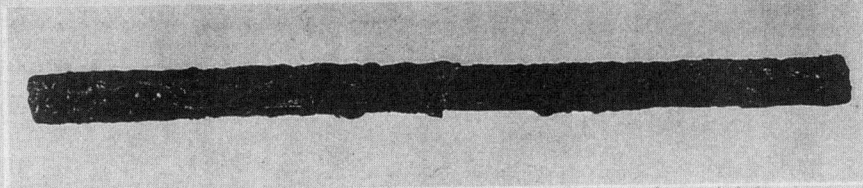

西汉错金铁尺。为了使统一的度量衡器经久耐用，大都使用铜质或铁质等金属材料制作，这样也有利于度量衡器的准确性。

铜卡尺。王莽时期制造的铜卡尺。由固定尺、滑动尺等主件组成，竖用，滑动尺可上下滑动，是迄今发现的世界最早的游标量具。

寸，每寸又刻 10 分。固定尺与活动尺等长，两尺刻线大体相对。此外还有固定卡爪、鱼形柄、导销、组合套、活动卡爪等组成部分。新莽卡尺的固定尺与活动尺，相当于现代游标卡尺的主尺和副尺。组合套、导销和导槽，相当于现代游标卡尺的游标架。两架结构大致相同。

新莽卡尺的表面呈红褐色，个别细微之处胎质外露。固定尺一面刻度，另一面阴刻篆书。"始建国元年正月癸酉朔日制"，即公元9年制。它是世界上最早的游标卡尺。欧洲直到1631年才由法国数学家维尼尔·皮尔发明了游标卡尺，比我国晚了1600多年。

王莽更地名、官名·分合郡县

天凤元年（14）七月，王莽依"周礼"、"王制"更地名、官名及分合郡县。

始建国四年（12）王莽以"小尚书"、"诗"等儒家经典为根据，制定出一套分封办法：以洛阳为新室东都，长安为新室西都。州从"禹贡"画分为9，爵从周氏而分为5。诸侯之员1800，附城之数也是这样。诸公一同，有众万户，土方百里。侯伯一国，众户5000，土方70里。子男一则，众户2500，土方50里。附城大者食邑9成，众户900，土方30里。共立11公、9卿、12大夫，24元士。

本月，王莽数次下令重画行政区域，更改官吏名称。废太守，代

跪坐俑。俑头发中分，至颈后收束为长垂髻；发稍自然下垂，梳理明晰。身穿三层衣，内衣皆为白色红领，中衣袖口金褶。两俑面庞丰满，姿态恬静端庄，衣着艳丽，是典型的宫廷侍女形象。

以卒正、连率、大尹；废都尉，代以属令、属长，设州牧、部监25人，职权礼仪如三公，每人各辖5郡。又将官与爵相合，公氏作牧，侯氏卒正，伯氏连率，子氏属令，男氏属长，官职与爵位世袭。分长安周围为6乡，乡设帅1人。分三辅为6郡尉，河东、河内、弘农、河南、颍川、南阳为6郡，设大夫管理，职同于太守，属正职同于都尉。河南大尹改名为保忠信卿，将河南属县增至30，设6郊州长各1人，每人辖5县。其余官职也大部分改名，一大郡分为5部，有些郡县以亭为名，共360个，以应符命。在与少数民族接壤地带，设置竟尉，以男充任。此后，终王莽之世，几乎每年都易郡县名称。

自次年起，王莽力图根据"周礼"所载古代礼乐制度，损益出一套新的礼乐制度，结果议而不决，数年未成。

新朝四改币制以失败告终

　　改革币制，是王莽在当政期间实施改制的一项重要内容。从公元7年到14年，王莽共进行了4次币制改革。第一次是在王莽即位前的居摄二年（7），他下令在当时流通的五铢钱之外，另增发3种货币：大钱重12铢，每枚值50；契刀每枚值500；错刀每枚值5000。始建国元年（9），发布第二次币制改革诏令，不仅废除与"刘"字有关的佩玉以及五铢钱、契刀、错刀三种货币，而且增发了径6分、

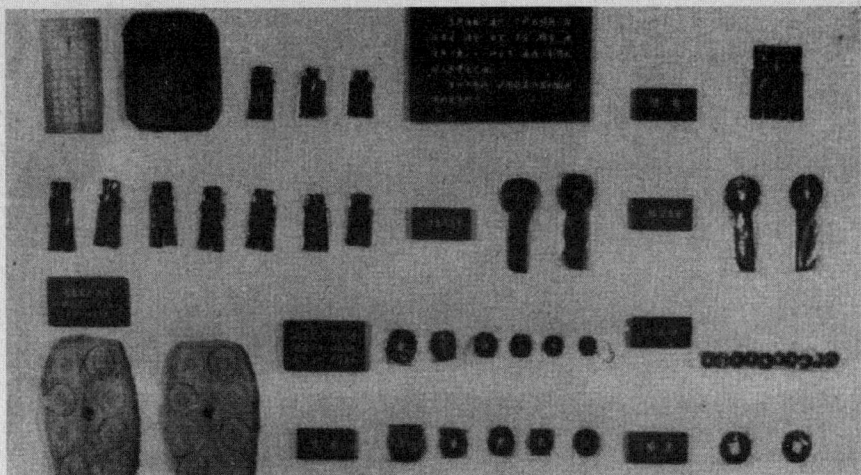

纷杂而凌乱的王莽货币

新莽铜环权。由于政策缺乏连续性，引发社会动荡。

重1铢的"小泉值一"，与前次发行的"大泉50"一起通用。

同时为防止私自铸钱，下令禁止采铜烧炭。始建国二年（10），

陶范与铜钱。王莽时铸造。

实施第三次货币改革，发行"宝货"。计有五物（金、银、龟、贝、铜）六名（钱货、黄金、银货、龟货、贝货、布货）共二十八品，各品之间又有复杂的交换比值。由于这种币制导致货币种类太多，换算困难，流通不便，仅一年就被迫废除，仍只留值一的小钱与值50的大钱继续使用。天凤元年（14），进行第四次货币改革，废除大小钱，改为货泉（重五铢，值1）和货布（重25铢，值25）两种。

王莽的币制改制，总的说来是增加货币品种，以小钱换大钱，这就势必违反经济规律，给社会经济造成很大的混乱。因此，尽管进行了四次币制改革，新币仍未能得以通行。

对匈战争全面发动

　　始建国二年（10）十二月，王莽发动了对匈奴的大规模战争。

　　王莽执政期间，对匈奴采取了错误的民族政策。一方面无理干涉匈奴内政，下令分匈奴全国为15部分，并派人到边境强立呼韩邪单于诸子，封为单于；另一方蓄意压低匈奴单于的政治地位，强改乌珠留单于本名为"知"，将"匈奴单于"之号改称为"降奴服于"。这些行为自然引起了匈奴族的极大不满，因此匈奴不断入塞掠杀吏民、南侵晋陕，边境骚乱不安。为此，始建国二年（10）十二月，王莽下诏派遣立国将军孙建率12位大将带领30万大军，分六路对匈奴进行全面的讨伐战争。第一路，遣五威将军和虎贲将军出五原；第二路，遣厌难将军和震西将军出云中；第三路，遣振武将军和平狄将军出代郡；第四路，遣相威将军和镇远将军出西河；第五路，遣诛貉将军和讨秽将军出渔阳；第六路，遣奋武将军和定胡将军出张掖。各路大军穷追匈奴，先到者驻扎在边境。天凤六年（19），王莽再次发兵攻击匈奴，"招募天下丁男及死罪囚徒、吏民奴"，称之为"猪突"、"豨

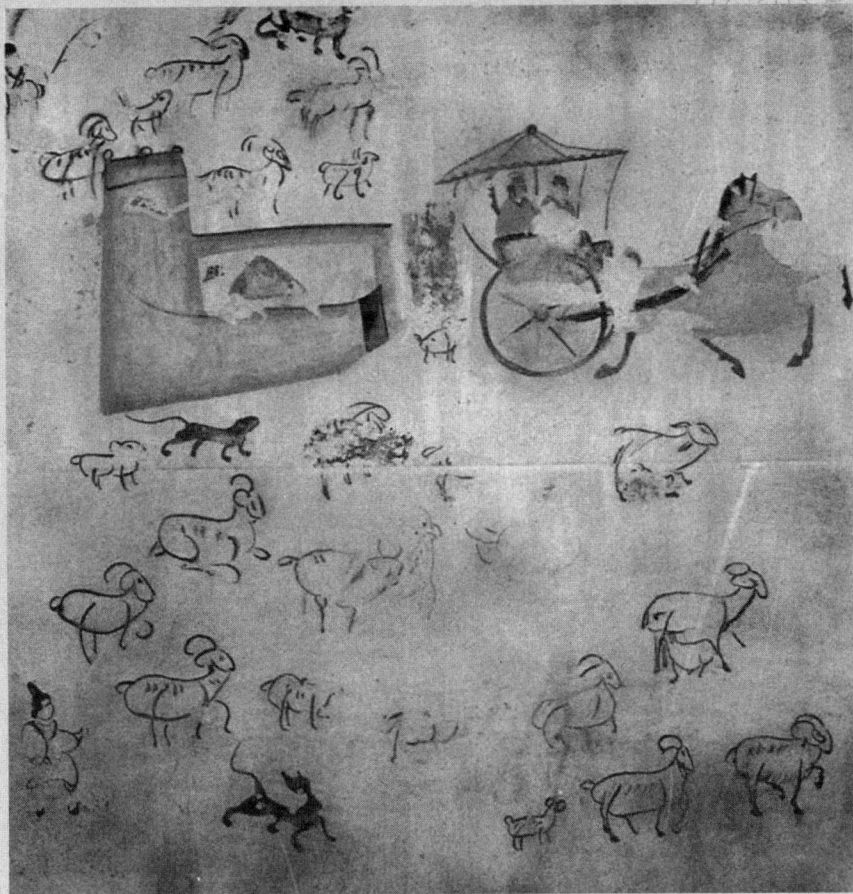

匈奴古墓壁画牧羊图。自古以来，逐水草而迁徙的北方游牧民族承担东西方文化交流的重要使命。

勇"，作为精锐部队；又命全国吏民捐献资产的三十分之一用作军费；同时远征招天下有奇技异能足以攻匈奴的人，以高官厚禄激励他们参战。尽管如此，征伐匈奴的战争并没有取得胜利，相反损失惨重，"数年之间，北边虚空，野有暴骨矣"（《汉书·匈奴传》）。

王莽发动的两次对匈奴的全面战争，不仅加重了国内人民的负担，而且破坏了自汉武帝以来汉匈之间和平安定、和睦相处的局面。

绿林军起义

　　天凤四年（17），荆州一带发生饥荒，新市（今湖北京山）人王匡、王凤兄弟为饥民排解纠纷，深得饥民爱戴，被推为领袖，聚众起义。不久南阳人马武、颍川人王常、成丹等率众参加。他们劫富济贫，除霸安民，深受群众拥护，数月之间便发展到七、八千人。他们的根据地在绿林山（今湖北大洪山）中，故称为"绿林军"。地皇二年（21），绿林军在云杜（今湖北河沔）打败了荆州二万官军，乘胜占领了竟陵（今湖北钟祥）、安陆（今湖北安陆）等地，起义队伍发展到数万人。第二年，绿林山一带发生瘟疫，农民军死亡过半，于是分兵转移。一支以王常、成丹为首，西入南郡（今湖北江陵），称下江兵；一支由王匡、王凤、马武率领北入南阳（今河南南阳），称新市兵。这年七月，新市兵进到随县（今湖北随县），平林（随县东北）人陈牧、廖湛聚众数千人起兵响应，称平林兵，与新市兵联合。第二年各军会合，立西汉皇族刘玄为帝，建元"更始"。更始政权建立后，王莽大为惊慌，急派王寻、王邑领兵42万，号称百万，前来镇压。昆阳（今河南叶县）一役，王莽军主力全线崩溃，绿林军取得了决定性的胜利。绿林军乘胜北攻洛阳，西战长安。西路军进入武关，得到人民响应，迅速攻占长安，王莽被杀。同时北路军也攻占洛阳。刘玄移都长安后，杀害起义军将领。更始三年（25）赤眉军攻入长安，刘玄投降，不久被杀。更始政权结束，绿林军宣告失败。

历时近 9 年的绿林军起义，给这个腐朽、黑暗的王莽统治集团以致命的打击，用暴力推翻了新莽政权的统治。

赤眉军起义

　　天凤五年（18），青、徐一带发生大灾荒，琅邪人樊崇率百余人于莒县起义。起义军以泰山为根据地，转战黄河南北。次年，樊崇的同乡逢安与东海人徐宣、谢禄、杨音

绿林、赤眉、铜马起义图

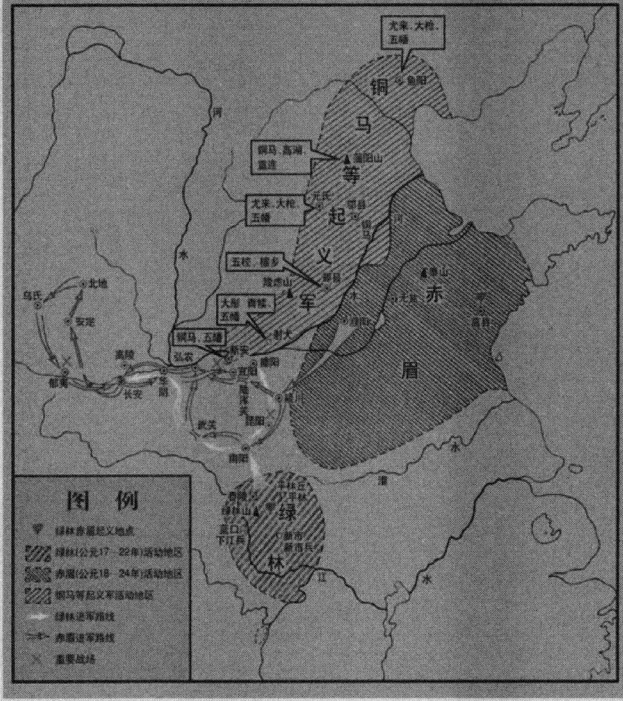

等聚众数万人，一起归附樊崇。起义军没有文书、旌旗、部曲、号令，以言语相约束，共同遵守"杀人者死，伤人者偿创"的纪律。起义军最高首领为"三老"，其次为"从事"，再次是"卒史"，彼此之间称"巨人"。为与官军相区别，起义军每人皆以赤色涂眉，因而被称为"赤眉军"。地皇三年（公元 22 年），赤眉军于成昌与王莽十万军队展开激战，斩杀王莽更始将军廉丹，大败官军。成昌大捷后，赤眉军乘胜向西发展，人数已达到十万人，给王莽政权在东方的统治造成了致命的威胁。因刘玄杀害起义军首领申屠建、陈牧等，排斥异己，赤眉军于是在更始二年（24）分两路进攻刘玄政权。次年，两路军会师于弘农，连败刘玄军，队伍迅速发展到三十万人。赤眉军拥立西汉宗室、十五岁的牧童刘盆子为帝，年号建世。接着攻入长安，刘玄投降。此时关中豪强地主隐匿粮食，武装抵制赤眉军。建武二年（26），赤眉军粮食断绝，退出长安，转移至安定、北地一带，又遭到割据势力隗嚣阻挡与风雪袭击，只得折返长安，引众东归。次年，于新安、宜阳一带，陷入刘秀所设重围，刘盆子等投降，起义最后失败。

赤眉军是当时始终保持着农民本色的最大的起义军，它不仅给新莽反动统治以沉重的打击，而且解放了大量奴婢，使大批农民夺得了一部分土地。

刘縯刘秀起兵

刘縯，字伯升，是南阳舂陵的一个大土豪，胞弟刘秀。他们兄弟是汉宗室，既富有资财，又广结豪侠，目睹天下大乱，早有所图。地皇三年（22），绿林军新市兵、平林兵进至南阳，宛县人李轶、李通分别邀刘縯、刘秀商议起兵之事，以"刘氏复兴、李氏为辅"的谶言劝说他们起事。随后刘縯、刘秀联合，很快聚拢豪强子弟七八千人，称汉军；派族人联络新市、平林兵，共同攻下棘阳。从此，刘氏兄弟以反莽为旗帜，走上了利用农民起义以复兴汉室、争夺帝位的道路。

刘玄称帝

　　刘玄字圣公，南阳人，在绿林、赤眉大起义中加入平林，地皇四年（23）二月，绿林军发展到十余万人，因军队无统一指挥，想立刘氏为帝，以其皇族威望统率各路兵马。

　　当时刘縯、刘玄都以皇族身份争夺帝位，而刘縯统率春陵兵实力强大，为一些农民军将领所忌；刘玄却是只身加入平林兵，势单力薄，因此得到相当部分农民军将领的支持。故而新市、平林、下江各路将帅共同定策，立刘玄为帝。于是，在淯水上，设坛场举行仪式，恢复汉朝，改元更始。

刘秀败莽军主力于昆阳

更始元年（23），绿林起义军已发展到十多万人，起义军攻南阳、占昆阳（今河南叶县）、下定陵（今河南舞阳），节节胜利。王莽对此惊恐万分，他派大司马王寻、大司空

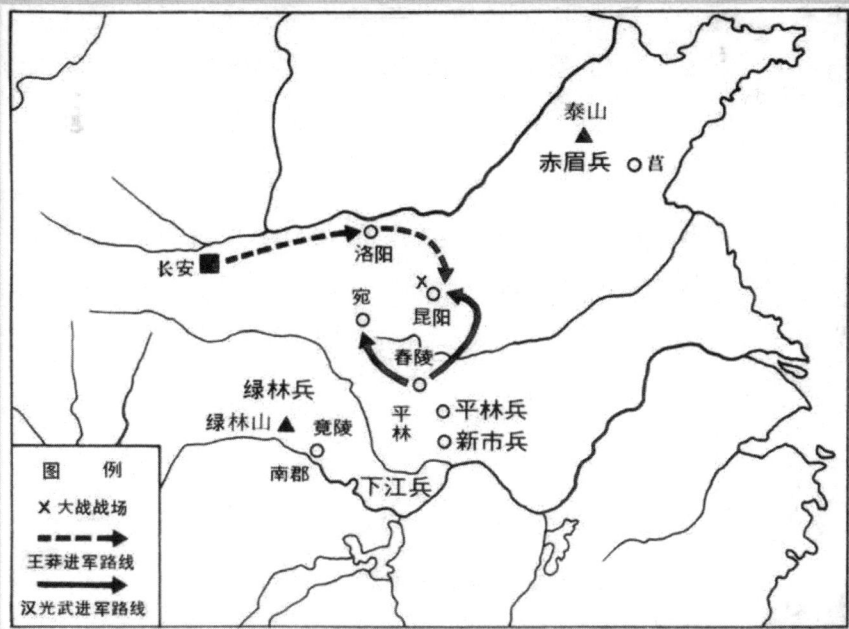

昆阳之战形势图

王邑率领各州郡精兵四十二万，号称百万，向宛城进发，妄图一举歼灭起义军。五月到达颍川，与严尤、陈茂的军队会合，然后直逼昆阳，把昆阳城包围起来。城内起义军仅八、九千人，力量单薄，但他们毫不畏缩。首领王凤、王常一面率众坚守阵地，一面派刘秀、宗佻、李轶等十三轻骑乘夜出城到定陵、郾城等搬请救兵。六月，刘秀等人集中万余起义军增援昆阳。援军在距莽军四、五里的地方列成阵势，准备交战。刘秀仔细观察敌军阵势后，决定先发制人。他亲自率领步、骑一千人作为前锋，向敌军猛烈冲杀过去，击溃莽军调来迎战的一千余人。首战告捷，将士们大受鼓舞，准备乘胜前进。此时宛城已被义军攻破，但刘秀还没有得到消息。为了鼓舞士气，瓦解莽军，刘秀就制造了攻克宛城的捷报，射入城中，又故意将一些战报丢失，让莽军捡拾。攻克宛城的消息一经传开，城内起义军士气更加高涨，守城更加坚定，而莽军苦战一月，毫无进展，又听说宛城已经失守，士气更加低落。刘秀抓住战机，进行决战。他挑选三千勇士组成敢死队，迂回到城西，出其不意地渡过昆水，向莽军中坚发起猛烈攻击。王邑、王寻见起义军不多，亲率万余莽军迎战，并命令其余各军不许擅自行动。莽军接战不利，大军又不敢擅来相救；王邑、王寻军阵大乱，王寻被杀。守城义军也乘势杀出，内外合击，喊杀声震天动地。莽军全线崩溃，奔走践踏，伏尸百余里。这时又逢狂风暴雨大作，屋瓦皆飞，雨下如注，逃窜的莽军赴水溺死者又有万余人。起义军尽获其辎重，不可胜数。莽军四散逃走，只有王邑带领的长安兵几千人逃回洛阳。

昆阳之战从根本上摧毁了王莽的主力，取得了西汉末年农民起义的决定性胜利。

王莽起九庙以镇国

地皇元年（20），农民起义在全国各地纷纷爆发，王莽政权岌岌可危。这时候，王莽听信阴阳术士之言，认为在四方纷争起事、社会动荡之时，大兴土木以建万世之基，能够镇住声势越来越浩大的农民起义，并保证国家的长治久安。于是在当年九月，选址于长安城南，占地百余顷建筑九座庙宇。王莽亲临城南奠基，并派司徒王寻、大司空王邑及侍中常侍、执法杜林等 10 人监工。官方广征天下能工巧匠和役夫到京师。为筹措建筑经费，甚至公开卖官鬻爵。九庙中有祖庙 5 座，亲庙 4 座。因王莽自称黄帝为其"皇初祖考"，所以黄帝庙最大，东西南北各长 40 丈，高 17 丈，其余各庙规模只及它的一半。各庙均以铜为柱，图纹彩绘均出自高手，又饰以金银王周文，可以说是穷极百工之巧，极尽富丽堂皇。建九庙耗资数百万，役卒死亡数以万计。庙成后两年，王莽就为农民起义军所杀。

刘玄杀刘縯移都洛阳

刘玄与刘縯、刘秀兄弟都属西汉皇族，在新莽王朝时他们各自抱着政治野心加入了农民起义军。刘玄凭借自己高于农民的学识操纵新市、平林两支队伍；刘氏兄弟则依靠自己起事时的七千豪强子弟在起义军中占据重要地位，双方一开始起就展开了暗中较量。不久，在争夺义军所设的皇位中刘玄得势，成了更始皇帝。而刘氏兄弟在昆阳大战中战功卓著，一时也威名大震。更始元年（23）六月，新市、平林诸将因刘縯兄弟威名日盛，暗中劝刘玄除掉他们。当时刘縯的部将刘稷不服刘玄做皇帝，刘玄封刘稷为抗威将军，刘稷不肯拜受君令；刘玄便逮捕了稷，准备将他处死，而縯则极力保他，刘玄便乘机将刘縯也一起杀掉了。当时刘秀正在前线作战，虽知悉兄长被杀，但迫于新市、平林的势力，不敢有所动作，反而去拜见刘玄，自责平时没有好好劝阻兄长，以致使他得罪了皇帝。刘秀不提自己在昆阳大战的功劳，也不敢为刘縯服丧，饮食言笑一如平常。如此，获得了刘玄的信任，再委任他为破虏大将军，并封他为武信侯。

刘玄杀刘縯之后，把大权集中于自己手中，于是兵分两路，一路直取长安，一路进攻洛阳。更始元年（23）九月，起义军攻下洛阳。刘玄即任命刘秀为司隶校尉，前往洛阳整修宫府。同年十月，刘玄由宛县移都洛阳。

汉代礼制建筑受到重视

西汉的礼制建筑主要有：明堂、辟雍、灵台、宗庙、南北郊和社稷。

西汉的明堂是用作"顺四时，行月令，祀先王，祭五帝"的礼制建筑。明堂的形制一般是以茅草覆盖屋顶，屋顶为圆形，房子为方形，所谓"上圆下方"，上圆象天，下方法地，明堂有五室，象征金、木、水、火、土五行。明堂又称九室，九室象征九州。四座门象征东、西、南、北四方和春、夏、秋、冬四时。长安的明堂是平帝在位时王莽建筑的，位于长安城南，安门之东、杜门之西处。辟雍也叫"壁雍"，因其形状"如壁之圆，雍之以水"。西周时为教育场所，后代为祭祀之处。西汉的辟雍在长安城南。灵台是天子用于"观

新莽时期四神瓦当四种。这些模印有青龙、白虎、朱雀、玄武四神的瓦当，大气磅礴。

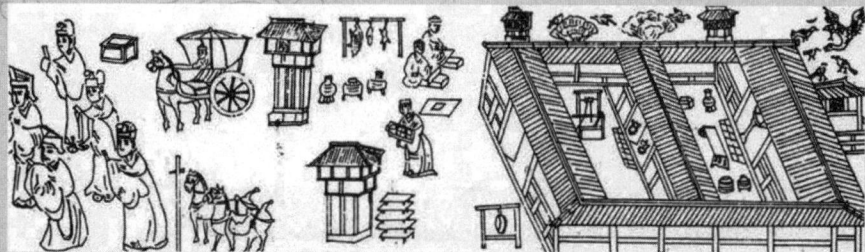

沂南画像石墓中的祠堂图

褆象,察之妖祥"的地方。汉代灵台又称"清灵台"或"清台"。据记载,灵台位于长安复盎门以南。原高达15仞,上置有浑天仪,相风铜鸟、铜表等天文仪表器械。其形制为一方形高台建筑,平面为方形,台基四周有上、下两层平台,台的东西南北四面墙壁上,分别刷成青、白、朱、黑的颜色。顶为观察天象的场所,灵台四周的建筑为主持天文工作的衙署。

西汉初年的宗庙都修在长安城内。高祖其父太上皇庙位于长乐宫北边、香室街以南,高祖庙和惠帝庙在安门之内,安门大街东边,长乐宫西南;文帝庙称"顾成庙",位于长安城南。从景帝开始,终西汉一代,皇帝的宗庙就修在帝陵附近。由于西汉有预作寿陵的制度,作为陵庙也于皇帝生前营建。但生前所筑讳言庙,称之为"宫"。西汉晚期,宗庙建筑遍于京师,多至176座,长安规模最大的宗庙建筑要属王莽的"九庙"。

南北郊乃祭祀天地之处。古人认为天是半圆的,因而祭天之处往往选择或有意营筑成半圆形土丘,以此象征天去祭祀。

西汉的"南郊"也称"圜丘"，高 2 丈，周围 120 步，在长安城南。武帝时立后土于汾阴，成帝时，将于汾阴祭地的后土迁徙到长安城以北的高祖长陵附近，所以地郊也称北郊。北郊和南郊在同一条南北线上。

社稷实际上就是祭祀"地母"。西汉朝廷在长安设立的"祏"叫"官祏"。官祏中以树为"祏神"，"祏神"也叫"田主"、"田祖"或"田神"，实际即土地神。"社"的祭祀活动一般在 8 月，即春种秋收之季。长安社稷遗址在"九庙"西南。

王莽死·新朝覆灭

　　更始元年（23）九月，绿林军攻入长安，王莽被杀，新莽王朝覆灭。

新莽地皇年间二龙穿壁壁画。此图位于脊顶，与日象、月象及象征后土的土伯御蛇画面为邻，性质当属汉代尊崇之天神。

新莽铜诏版。新莽铜诏版，1982年出土于甘肃合水县。诏版阴刻铭文，为王莽统一度量衡的诏书。九行，每行九字。原应镶嵌在一件本质量器上，因年代久远，木器朽烂，只存诏版。

更始元年（23）六月，昆阳大战使王莽军队的主力损失殆尽，王莽集团内部因此而呈现一片混乱和分裂状态。王莽的心腹王涉、刘歆和董忠等准备劫持王莽，发动政变。事败，刘歆自杀，董忠被诛。大臣内叛，军事外破，王莽陷入内外交困的境地。绿林军则乘胜展开强大攻势：王匡

王莽像。新朝的建立者，他曾以"符命"（以
"祥瑞"征兆附会成君主得天命的凭证）
代汉自立，并影响东汉经学家将"经纬"
引入经学。

率兵直攻洛阳；申屠健、李松等进逼武关。各地也都"翕
然响应，皆杀其牧守，自称将军，用汉年号，以待诏命"。
王莽作垂死挣扎，征发囚徒为兵，企图阻挡绿林军。但囚
徒兵很快倒戈反莽，掘王莽祖坟，烧王莽祖庙。析县人邓晔、
于匡响应义军，迫使析县宰和武关都尉投降，攻杀莽军右
队大夫。王莽无计可施，便带领群臣到南郊哭天，以求上
苍保佑。但王莽越哭，义军越近，不久长安便被起义军包
围得水泄不通。九月，绿林军进入长安，长安市人朱弟、
张鱼率众起义响应，攻入宫廷，火烧宫室。王莽逃入未央

宫中的渐台，妄图依靠台周围的池水阻挡农民军。但农民军重重包围，不断射箭，很快攻入渐台，王莽被商人杜吴所杀。起义军将王莽的头传到南阳，悬挂在南阳市，"百姓共提击之，或切食其舌"。（《后汉书·王莽传》）。

　　王莽新朝建立了 15 年，在礼仪、职官、土地、货币、税贷等方面频繁改制，造成经济混乱，社会矛盾激化，终于在农民起义的熊熊烈火中灰飞烟灭。

刘歆谋反事泄自杀

　　刘歆，字子骏，后改字颖叔，是刘向的儿子。他是古文经学派创立者、目录学家、天文历算学家，是圆周率最早研求者之一。作为经学家，他曾在王莽的授意下搜罗整理旧经，为王莽篡权寻求根据。王莽称帝后，封刘歆为国师公。新莽地皇四年（23），王莽军队在昆阳之战中遭受惨重失败，关中地区大为震恐。当时王莽的卫将军王涉听信道士西门君惠的煽动，认为根据天文谶记，汉室要复兴，刘歆将应天命。王涉便与大司马董忠秘密商议，两人串通劝说刘歆起事，以顺应天兆。刘歆为他们所诱惑，暗中布置，准备劫持王莽，发动政变。由于处事不周密，被王莽亲信探知他们的活动，向王莽告密。于是起事失败，董忠被处死，刘歆、王涉自杀。

刘秀巡河北·击王郎、铜马

更始元年（23）至更始二年（24）刘秀借更始帝刘玄派他巡河北之际，打垮了王郎、铜马部队，壮大了个人势力。

更始元年（23）十月，更始帝刘玄不顾一些将领的反对，派刘秀以破虏将军行大司马事的名义，持节渡河北上，镇抚诸郡。刘秀进入河北后，所过郡县考察官吏，黜陟能否，释放囚徒，废除王莽苛政，复汉官名，吏民喜悦，争持牛酒迎劳，但刘秀一概不受。南阳人邓禹追刘秀至邺，进说刘秀延揽英雄，收拢人心，恢复刘氏基业，安定天下。刘秀留下邓禹与定计议。更始二年（24）正月，刘秀因王郎新盛，便北徇到蓟，但于二月遭到王郎与前广阳王之子刘接的联合反击。刘秀狼狈南逃，进退失据，直到退至信都后才算安定。既入信都，刘秀便以此为根据地，重新打出大司马的旗帜，号召附近的郡县，募兵四千人。他亲率四千人出击，占领堂阳、贯县。同时又派遣使节，连络王莽的和戎卒正（即太守）邳肜、昌城人刘植、宋子人耿纯，合兵攻陷下曲阳，很快兵力发展到数万人。刘秀随即带领这些部队北击中山，

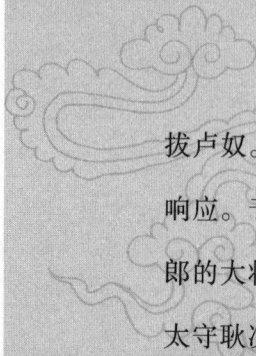

拔卢奴。同时号召各郡县发兵，共击王郎。郡县也多起而响应。于是连陷新市、真定、元氏、防子等地，接着与王郎的大将李育在柏人发生了遭遇战。正在这个时候，上谷太守耿况，渔阳太守彭宠，各派他们的将领吴汉、寇恂，带领大队骑兵赶来，更始也派遣尚书仆射谢躬带兵来讨伐王郎。于是刘秀大飨士卒，连兵围巨鹿，大败王郎之兵于南䜌，随即进围邯郸，拔其城，捕斩王郎。

刘秀既斩王郎，声势大震于河北。刘玄怕他尾大不掉，便封他为萧王，令他罢兵回到长安。但刘秀自从兄长刘縯被刘玄杀掉以后，即下决心独树一帜，以求实现自己的政治抱负。如今既入河北，又如何愿意再回长安，自投罗网？加之他的部下怂恿，劝他自取天下，于是对刘玄托辞说河北尚未平定，不奉诏命。从此脱离刘玄的控制，而与之对立。

刘秀既然立志创造帝业，所以毫不犹豫地开始了屠杀农民军的行动。更始二年五月，刘秀拜吴汉、耿弇为大将军，持节发幽州十郡突骑以击铜马军。更始帝委任的幽州牧苗曾闻讯，暗中指示诸郡不得应调。吴汉、耿弇便斩掉苗曾，使幽州震骇，迫使诸郡都发兵相助。同年秋天，刘秀亲统大军击铜马于鄡，又命吴汉带领突骑会于清阳。铜马军粮草用尽，乘夜突围。刘秀大军追至馆陶，大加屠杀。正当此时，高潮、重连等部农民军从东南来，和铜马的余部会合，与

刘秀大战于蒲阳。结果，因高潮、重连等农民军领袖背叛群众，大部分兵士，都被骗而改编为刘秀的创业之军。从此，刘秀便拥有数十万军队，一步步接近了皇帝的宝座。

刘秀称帝·定都洛阳

　　刘秀，字文叔，南阳蔡阳（今湖北枣阳西南）人。新莽地皇三年（22），刘秀与其兄刘縯在舂陵起事，聚众约七八千人。不久与平林、下江农民军合兵，想借农民起义力量恢复汉室。第二年，刘秀迫于形势拥立另一皇族刘玄为更始帝，自己任更始政权太常、偏将军。昆阳之战中，刘

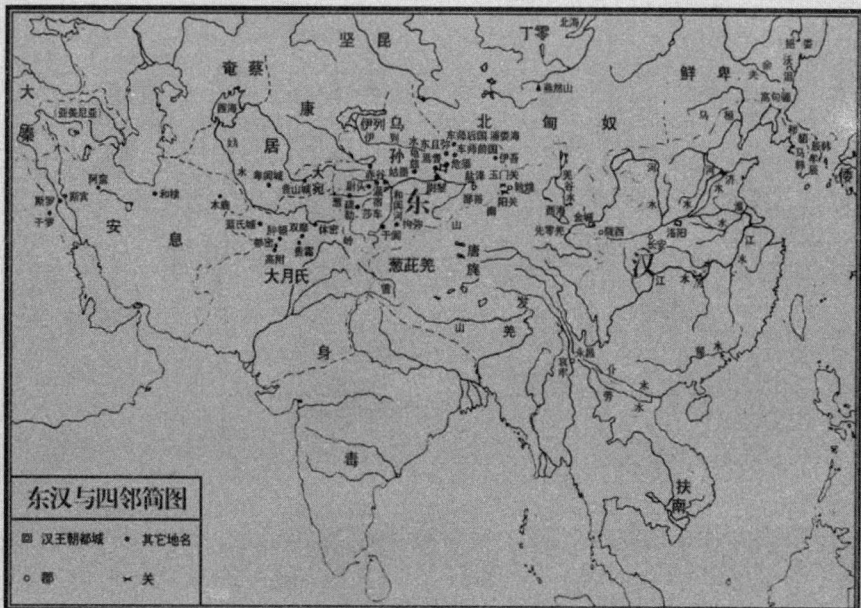

东汉与四邻简图

汉光武帝像

秀突围召集援兵大败新莽军队，立有大功。更始二年（24），消灭据邯郸称帝的王郎，被封为萧王。同年秋天，击降并收编黄河以北地区的铜马、高湖、重连等部农民军，实力大大扩充，众至数十万，并基本据有河北之地。至此，刘秀开始脱离刘玄的更始政权，走上与之公开对立的道路。同年岁末，刘秀南下击破赤眉军一部及青犊、上江、铁胫等部农民军，并消灭更始政权驻守河北的谢躬军，又派邓禹西征，乘赤眉军和更始帝军激战之机，从中渔利。更始三年（25）正月，刘秀留寇恂、冯异等据守河内与更始政权留守洛阳的朱鲔相持，自己统率大军北征，击溃尤来、大枪、五幡等部农民军。四月，回军南下，大败新市、平林两军于温县，击溃赤眉、青犊两军于河南，基本解除了对河北的严重威胁。此时，刘秀手下的将领开始商议为刘秀上尊号，并使人造《赤伏符》以传"天命"，刘秀装模作样"三推"之后，便"恭承天命"，即皇帝位于鄗，改鄗为高邑，自号为光武帝，建元建武。七月，派兵围攻洛阳，十月招降洛阳守将朱鲔，于是定都洛阳，正式建立了东汉王朝。

赤眉军入长安杀刘玄

　　新莽王朝被推翻以后，与刘玄的更始军队共同战斗的赤眉军并没有尝到胜利的果实，反而遭到排挤。赤眉军无计可施，只好再聚军队，进击长安，苦求生路。建武元年（25）七月，赤眉军立没落的汉宗室刘盆子为帝，年号建世，与更始政权对抗。九月赤眉军到达高陵（今陕西高陵），更始将领王匡、张卬投降，随后联兵攻破长安。更始帝刘玄单骑脱逃，后来被他的部下抓获献给赤眉军。赤眉军赦刘玄，封他为畏威侯，后改封长沙王。十二月，赤眉部将谢禄缢杀刘玄。赤眉军攻占长安后，军纪约束不严，附近属县和地方势力派人进贡，遭到赤眉军兵卒的劫夺，普通百姓也多次遭到抢掠，后来甚至发展到随意入宫抢食。建武二年正月，刘盆子整顿赤眉军，樊崇等将领关闭军营，约束士卒，长安秩序才得以恢复，百姓也纷纷回归。不久，长安遭到刘秀军队围困，城中粮尽，赤眉军只好搜罗珍宝，火烧宫室，引兵退出长安，西入安定（今甘肃固原）、北地（今甘肃庆阳北）一带活动。

刘秀击破赤眉军

　　建武二年（26）十一月至次年正月，刘秀派将军冯异进入关中地区讨伐赤眉军，赤眉军伤亡惨重，大势尽失。建立东汉王朝后首要的任务就是消灭农民起义军。而当时赤眉军力量最大，刘秀派大军包围赤眉军的根据地长安，逼走赤眉军，同时派大将邓禹追击，却被赤眉军打败。建武三年（27），刘秀派冯异为征西大将军，再次率领大军向赤眉军进攻。冯异出发后不久，便与邓禹以及车骑将军邓弘相遇。邓禹等要求冯异立即攻击赤眉军，但冯异不同意，劝邓禹对赤眉军一是要以恩信相诱，二是分东西两面夹击。邓禹不听，令邓弘率军与赤眉军大战，结果邓弘大败。冯异与邓禹合军救邓弘，赤眉军才稍退。冯异认为士卒饥乏，应暂时休兵。邓禹不听，再战，又败，死伤三千余人。邓禹逃往宜阳，冯异弃马与部下数人逃回营，坚壁自守。后冯异又召集诸营保兵数万人，与赤眉军约期再战。冯异让一些士兵先换上赤眉军的服装，埋伏起来。早晨，赤眉军一万人攻击冯异军的前部，冯异仅以少量兵力抵抗，赤眉军以为冯异军势弱，于是全军出击。冯异见状纵兵大战。到了黄昏，赤眉军难分敌我，阵脚大乱。

东汉铜出行车马仪仗

于是冯异军进攻，大破赤眉军于崤底（今河南渑池县西南），赤眉军男女八万人投降。赤眉军残部逃至宜阳（今河南宜阳西），刘秀亲率大军严阵以待，赤眉军无力抵抗，派刘恭乞降，刘秀允准，于是赤眉军所立之帝刘盆子及丞相徐宣以下三十余人俱投降，余部从之。至此，赤眉军势力基本被剿灭。

赤眉起义虽告失败，同时也不可避免地成为了封建统治者改朝换代的工具，但它与绿林起义一同推翻了王莽的黑暗统治，缓解了当时的土地、奴婢关系，推动了东汉初社会经济的发展。

群雄割据称帝

　　在赤眉、铜马、新市、平林等农民大起义如火如荼的时候，西汉的贵族、官僚、土豪、流氓，乘机拉起"反莽兴汉"的旗帜，割据郡县，设置将帅，改元建号，称帝称王。企图在农民"大叛乱"的火焰中，投机冒险，夺取政权。

　　当此之时，刘玄加入平林军，后为更始帝；刘縯、刘秀起于春陵，刘秀后为光武帝；王郎称帝邯郸；刘永自称

东汉王冠形金饰

东汉"宜子孙"金饰

天子于雎阳（今河南商丘县南）；公孙述称王巴蜀；李宪自立于淮南；秦丰割据南郡，张步霸于青州；还有董宪起于东海，延岑起于汉中，田戎起于夷陵（今湖北宜昌市东南），隗嚣起于陇西（今甘肃临洮南），卢芳起于朔方，窦融起于河西，彭宠起于渔阳。这些野心家，都利用"叛乱"的农民，去剿灭农民的"叛乱"，借此扩大自己的势力，巩固自己的割据。同时，又彼此合纵连横，或相互侵略兼并，企图削弱他人，加强自己。一时群雄角逐，天下大乱。

光武帝营建都城洛阳

　　更始三年(25)，刘秀攻克洛阳，在鄗称帝，定都雒阳（三国时魏改为洛阳，在今河南洛阳市以东约15公里处），是为汉光武帝，建元建武。

　　洛阳北依邙山，南临洛水，地势北高南低，交通便利，是脏腑之地，便于统控全国，治理东西南北各方。建武二

东汉砖画上林苑斗兽图

年（26），光武帝始营建都城。为笼络人心，下令在洛阳筑起高庙，建立社稷，在城南设置郊兆，以正火德，使民众信从。

洛阳城建成长方形，"南北九里十七步，东西六里十步"，号称"九六城"，符合《周易》宣扬的"阳爻谓之九，九为老阳；阴爻谓之六，六为老阴。九与六谓阳与阴，转为阴阳合判，乃万物生生之道。"它的营建无论在选择方位、规定尺度以及命名等方面都极力附会谶纬、阴阳之说。

洛阳城环套宫城构筑，未建外廓，据考古测量周长约合今14公里。皇宫位于城的中部，分为南、北二宫，以复道连成一体。太仓、武库在城东北，皇家宫苑—濯龙园在城西北，官署和闾里分置城东、西，城内道路采用经纬途制，主要干道均与城门相对，东西横道、南北纵道各为四条，交错齐整，最宽的达50多米。城南外临洛水一带，建有买台、郊坛、辟雍和太学等。据史载，当时太学有学生3万余人，可见其宏阔。城内西部金市，城外南郊南市，东郊马市，都是洛阳城的工商业区。

洛阳是中国著名的古都之一，建都时间最长。西周武王时便有心选定此地为"中土"，统治天下；成王时周公营建雒邑，是为成周城所在。战国时因它在雒水之北，改称雒阳。东汉、三国魏、北魏（孝文帝以后）、隋（炀帝）、武周、五代唐等先后定都于此，成为全国的政治、文化、商业、经济的中心。新莽、唐、五代的梁、晋、汉、周、

北宋、金（宣宗以后）都曾以洛阳为陪都，盛极当世。洛阳这一古都，也随时世，几经营建，又几度废弃，沧海桑田几千年。

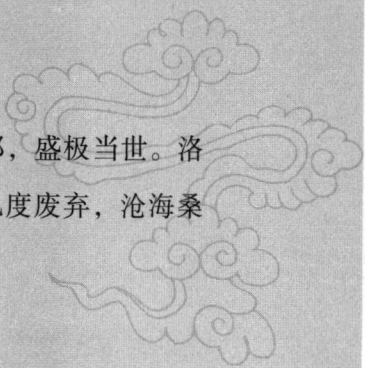

汉光武帝改置军营

东汉王朝开国皇帝光武帝刘秀（25～57年在位）为控制地方豪强地主，完善中央集权，对国家的军事体制进行了改革，设置京师军营，削弱地方军队，集军权于中央。京师诸军成为国家对外征战和镇压内乱的唯一军事力量。

东汉王朝是建立在世俗豪族基础上的政权，刘秀本身即南阳大地主。他亲历农民战争，深悉地方势力与中央对抗的后果。东汉初年，有许多拥有武装的豪强地主（称兵长、渠帅），霸占乡土，抗拒政令。如建武初年，赵魏豪右到处屯聚；清河大姓赵细起坞壁，备甲兵，为害一方；北海大姓夏长思囚太守，据城池等等。针对这种兵长、渠帅的嚣张活动，建武十五年（39），光武帝采取措施削平地方豪族势力，剥夺他们手中的兵力，废除内郡的地方兵，裁撤郡都尉，并其职于太守；取消郡内每年征兵操练的都试，让地方兵吏一律归还民任。废除地方兵后，国家军队指挥权完全集中在中央和皇帝手上，减少州郡豪强掌握本地军队的机会，京师军营的责任日趋重大。

京师军营包括四部分：皇帝的侍卫部队，由光禄勋率领；

东汉铜出行车马仪仗

执金吾统管的警备部队；卫尉执掌的宫城警卫部队及五营兵组成的京师屯兵。各部队的任务和力量较西汉末年发生了改变，其中警备部队和屯兵变化最大。西汉末年失去实权的执金吾（中尉）的权力进一步削弱，不再掌管北军，只负责京都地区的治安。执金吾辖属部队的削弱，改变了传统的南北军制度。北军部队已不是指执金吾所属部队，而是指五营兵组成的京师屯兵。五营兵由屯骑、越骑、步兵、长水、射声校尉统领，受北军中侯控制。五营长官互不隶属，而北军中侯无统兵权，只有监护权。五营兵由西汉七校尉军制演变而来，刘秀建国后，将七部中的虎贲、胡骑并入长水、射声、胡骑校尉所部，遂成为五营兵。五营兵的职责是宿卫京都和保护车驾。

由于地方军队因取消征兵制而被削弱，国家遇到战争时，只能依靠京师诸军出征作战。这样做的结果又使京师警备力量遭到削弱。为补救危机，光武帝曾采取应急措施，设置常屯军，合幽、冀、并三州的兵骑千余人，组成黎阳营，屯于黎阳（今河南浚县），在黄河北岸构成洛阳的屏障。除黎阳营外，因镇压人民反抗的需要，内郡地方兵并未全废，有时仍常征发郡兵，由太守或刺史率领作战，内郡的都尉之职也旋废旋置。但是由于内郡地方兵缺乏系统经常的训练，战斗力远不如西汉的正卒、卫士、戍卒，同时刺史、太守领兵，必然导致其权势的膨胀，给东汉后来州牧、刺史割据埋下了种子。这些与光武帝加强专制集权的愿望背道而驰。

匈奴扶持儿皇帝

汉朝与匈奴的关系在王莽统治时期已经恶化，王莽曾发大兵击匈奴而无功。建武初年，野心家纷纷崛起，企图乘农民"叛乱"，夺取政权。当时盘踞五原的卢芳，曾事新莽、更始二朝。更始败亡后，他伙同当地豪强勾结匈奴，企图借外族之力进行内战。匈奴单于也以为中原有机可乘，所以在不断侵扰边境的同时，派句林王率数千骑迎卢芳入匈

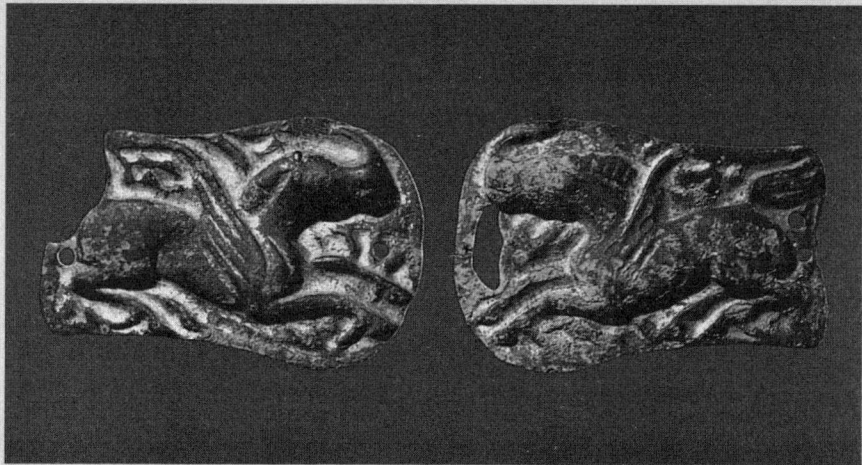

东汉飞马纹鎏金铜带饰（一对），有浓厚的草原特色，属鲜卑族的艺术品。

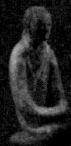

奴，立他为汉帝，操纵他与东汉政权对抗。建武五年（29），五原人李兴、代郡人闵堪又在匈奴的同意下迎卢芳入塞称帝，定都九原县（今内蒙古包头市西），占据五原、朔方、云中、定襄、雁门五郡。建武十二年，卢芳部下随昱在九原反叛，卢芳仓猝弃辎重，与十余骑逃入匈奴。建武十六年，复入居高柳（今山西阳高县），派使者向东汉请降。光武帝乃封卢芳为代王，赐缯二万匹。卢芳在奉诏来朝的途中，再次因忧恐而反叛，被匈奴派兵迎至塞外，十余年后病死。

总之，卢芳在多年的反反复复中，大都为匈奴所利用，成为匈奴对抗中原的工具。

谶纬流行

西汉末年，朝廷正式承认谶纬，使谶纬成为官方的统治思想。东汉时期，谶纬大为流行。

"谶"是方士把一些自然界的偶然现象作为天命的征兆而编造出来的隐语或者预言；"纬"是相对于"经"来说的，是方士们假托孔子之名用诡秘的语言附会解释经义的著作。

最早的谶书是《河图》、《洛书》。纬书的内容萌芽于伏生的《尚书大传》和董仲舒的《春秋阴阳》，托名于经书的纬书则是汉武帝以后才出现。当时《易》、《礼》、《诗》、《书》、《乐》、《春秋》六经和《孝经》都有纬书，称《七经纬》，其中以《易纬》影响为最大。《七经纬》与《河图》、《洛书》、《论语谶》合称为"谶纬"。

王莽、汉光武帝都曾利用图谶称帝。他们取得政权后，发布诏书，颁布命令，施行政策，举用人才也引用谶纬。汉光武帝中元年（56）又正式"宣布图谶于天下"，定为功名的必读书。儒生为了功名利禄，都学习谶纬，将《七经纬》称为"内学"，原来的经书反被称作"外学"，足见谶纬的地位之高。后来，汉章帝又召集博士和儒生在白

东汉铜独角兽。独角兽尾和四肢为薄片形，角为扁锥形，分别用嵌插、拼接法，与头部和躯体相连。遍体刻满鳞甲纹。其颈部紧张地弓起，尖长的独角向前挺冲，显得猛厉；高耸的尾部和叉立的四足更加强了威武雄健的形象。古代传说独角兽是神兽，放置墓内以镇守墓室，驱邪避祟。

虎观讨论五经同异，由班固写成《白虎道德论》，将谶纬与今文经学糅合在一起，使经学进一步谶纬化。而当时一些学者如任安、杨厚、景鸾等都以谶纬作为教学内容，主要用于学术方面；普遍注群经的经学大师郑玄，他的经注中多采用纬书，可见当时学界中纬书的渗透力。

谶纬书总的思想属于阴阳五行体系，其中虽包含一部分有积极意义的天文、地理、历法知识和古史传说，但绝大部分荒诞不经，牵强附会，所以尽管谶纬之学流行，当时一些有见识的学者，如张衡、桓谭、王充就坚决反对，对其无稽荒谬予以批判揭露。

光武倡导薄葬

　　东汉光武帝刘秀在位期间，始终提倡节俭。面对西汉末年日益兴盛的厚葬社会现象，他于建武七年（31）曾下诏说：

水车（又称天车），一种连续提水工具。

"当今世上崇尚厚葬，鄙视薄葬，为此，有钱的人过分奢侈，穷人也财产竭尽。这种习俗，法令不能禁止，礼义说教也不能收效，只有等到天下丧乱时才能知道这种习俗的恶果，今天诏告天下，使臣民都明白薄葬的意义。"

刘秀反对铺张浪费，注意节俭，倡导葬礼从俭，这对久经战乱之后社会生产的恢复和发展，起到了积极作用。

杜诗发明水排兴利南阳

　　东汉光武帝刘秀在位期间，注意"选用良吏"。建武七年（31），杜诗出任南阳太守。他提倡节俭，兴利除害，为政清平。

　　当时，驻守南阳的将军萧广放纵士兵，士兵在民间横行霸道，当地百姓深受其害。杜诗多次警告而无效，于是，

水排模型。

他采取果断措施，杀掉萧广。这件事深得刘秀的赏识。

杜诗在做南阳太守期间，注意节省民力。为了提高冶金技术，他发明了水排（一种水力鼓风机）。水排应用水力击动机械轮轴打动鼓风囊，使皮囊不断伸缩，给冶金高炉加氧。这种装置，用力少，见功多，是我国冶金史上的一大改革。三国时期的韩暨曾对其加以改进推广，效率三倍于前。

杜诗发明水排，一改中国冶炼鼓风装置靠人力和畜力为动力的历史，不仅大大提高了劳动效率，而且比欧洲早了1100年，在中国古代冶炼工艺发展史上具有里程碑的意义。

杜诗同时也重视农业生产，修治陂池，广拓土田，使郡内民户殷实富足。当时人们就将杜诗与西汉南阳太守召信君相提并论，民间盛传："前有召父，后有杜母。"

几种水力机械出现

　　汉代水力已被用于粮食加工、冶铸鼓风、天文观测等部门，出现了水碓、水排、浑天仪等水力机械。它们利用水力提供的动力方便了人们的生活、生产和科研活动，并对后世机械技术的发展产生了深远的影响。

　　水碓约发明于西汉。桓谭在《桓子新论》中叙述了粮食加工机械由杵臼到践碓，到畜力碓、水碓的整个发展过程。

翻车。翻车又称龙骨车，用于提水灌溉，产生于东汉时期。三国时期，机械制造家马钧改进后，效率更高，得到广泛应用。

杵臼靠人臂力做功；践碓利用杠杆原理，借助碓的部分重力做功；畜力碓、水力碓则把人解放出来，通过轮轴的转动连续地做功，无疑是一大进步，特别是水力来自自然资源，运用更是便利。水碓发明后，在雍州等地得到了广泛的使用，达到"因渠以溉，水舂河漕（水舂即水碓），用功省少而军粮饶足"的效果。

东汉初年，南阳太守杜诗发明的水排，是用水力推动的排橐，是串联或并联在一起的一排鼓风用皮囊，是新型的水力鼓风冶铸用的机械。水排，省力高效，方便百姓，是中国古代利用水力资源的又一突出成就。在欧洲直到 12 世纪才有水力鼓风技术发明。

浑天仪是东汉科学家张衡创制的天文仪器。铸铜成球，上刻二十八宿、中外星官和黄道、赤道、南极、北极、二十四节气、恒显圈、恒隐圈等，用一套水力推动的齿轮传动机械把它和漏壶结合起来。用漏壶流水控制浑象，使它和天球同步转动，以显示星空的周日视运动，这是一种水力推动的天体模型，是我国古代水力推动天文仪器的最早记载，表明汉代对于水力资源的认识和开发已上了个新台阶。

马援破先零羌参狼羌

　　东汉前期散布于西北部的羌人时常发动叛乱。建武十一
年（35）夏，光武帝刘秀任命马援为陇西太守，马援派骑

羌人墓葬。羌族与氐族是秦汉前青藏高原的主要居民，图为四川
汶川县的羌人墓葬。

兵3000人，在临洮（今甘肃泯县）击败先零羌，斩首级数百，获马牛羊过万，守塞诸羌8000余人降汉。当时，先零羌诸种尚有数万人，马援和扬武将军马成深入讨击，大破诸羌，斩首1000多人。汉将投降的羌人迁至天水、陇西一带定居。建武十三年（37），武都参狼羌与塞外诸羌联合作乱。马援率军讨伐。在氐道（今甘肃天水市西）与诸羌相遇。羌人因缺水少粮不得不逃出塞外，10000余人投降东汉，从此，陇西太平。马援击败先零羌、参狼羌，维护了陇西地区的安宁，促进了当地的经济发展和民族融合。

光武得陇望蜀

东汉初年，割据蜀地的公孙述趁光武帝忙于东方战事，无暇西顾之机，于建武元年（25）自立为天子。霸于陇西（今甘肃）的隗嚣则首鼠两端，对光武帝令其讨伐公孙述的命令拒不执行。因此，建武八年（32），光武帝刘秀亲征隗嚣。大军压境，隗嚣及其部众逃的逃，降的降。隗嚣派人入蜀向公孙述求救。恰值此时，颍川（今河南禹县）、河东（今山西夏县西北）等郡大乱。颍川盗贼蜂起，河东守兵叛乱，洛阳因此而骚动。八月，刘秀星夜东驰，回归洛阳，并写信给岑彭等人说："西城、上邽两城如能攻下，便可将兵南击蜀虏公孙述。人苦不知足，既平陇，复望蜀。每一发兵，头须为白。"九月，刘

东汉镶嵌四神纹带钩。蜀地出土，错金纹饰，细若毫芒，图像生动，有很高的工艺水平。特别是铭文字数甚多，为同类器物中的珍品。

秀南征颍川，汉军所到之处，乱军纷纷投降。刘秀又派李通、王常讨伐东郡，颍川、东郡恢复平静。建武九年（33）春，隗嚣病死，其部众立其少子隗纯为王。这年秋季，刘秀派五将军讨伐陇右，次年冬，击败隗纯，陇右基本平定。得陇望蜀，刘秀乘势大举发兵征讨公孙述。建武十二年（36），汉军进兵成都击败公孙述。至此，陇、蜀皆统一于东汉政权之下，为蜀地的经济发展创造了条件。

光武封赏功臣而不用

　　建武十三年（37），全国平定后，为了妥善安置文臣武将，东汉光武帝果断采取两项措施：一是不让拥有重兵的功臣接近京师。如冯异、岑彭、王霸等长期在外地驻防，这不仅是为了继续发挥武将的作用，更重要的则是使这些握有兵权的将军远离东汉政治中心。二是对功臣封赏而不用。这年，功臣增邑封赏的一共365人。比如邓禹为高密侯，食邑四县；李通为固始侯，食邑六县；贾复为胶东侯，食邑六县等等。自吴汉平定蜀地后，光武帝厌恶战事，欲使百姓休养生息。邓禹、贾复知道刘秀不愿功臣拥众京师，于是率先解去军职，倡导儒学。这样开国功臣中能够参议国家大事的只有邓禹、李通、贾复3人，多数功臣则封赏而不用，任其游玩享乐以度天年。同时刘秀还下诏罢左、右将军官，解除功臣大将的兵权。耿等也交出大将军、将军印绶，而作为列侯以奉朝庭名义参加朝会。刘秀这样做，一方面防止功臣担任吏职而堵塞进贤之路，另一方面又解决了功臣担任吏职而不能胜任，皇帝不好处理的问题。不让功臣参政的结果除了对加强皇权有明显好处外，对于功臣也是最好的处置。

既减少他们违法犯禁的机会，也杜绝了他们因权势膨胀而滋生的政治野心。事实上，东汉的功臣皆得以保全福禄，没有一个像西汉的韩信、彭越等一样的下场。将功臣妥善安置，这是东汉政权重建过程中重要的一步，也是较为成功的一项治国安邦措施。

《养鱼经》出现

东汉初年（1世纪中叶），我国最早的养鱼著作《养鱼经》出现。《世说新语·任诞篇》注文所引《襄阳记》中有汉光武帝时"侍中习郁在岘山南，按照《范蠡养鱼记》建造鱼池"的记载。所以，此书相传为春秋时越国范蠡所著。范蠡晚年居陶，称朱公，后人常称他为陶朱公，故此书又名《陶朱公养鱼经》、《陶朱公养鱼法》、《陶朱公养鱼方》等。

《养鱼经》在梁代尚存，后佚。现存4000余字的传世本主要引自《齐民要术·卷六》，以问对形式记载了鱼池构造、雌雄鱼交配比例、适宜放养的时间以及密养、轮捕、留种增殖等养鲤方法。陕西汉中东汉墓出土的陂

东汉镶嵌神兽纹牛灯，照明用具于广陵王刘荆墓出土。灯体作张口低首、起步欲斗的黄牛、前负灯盏。灯盏外周有两扇瓦形门扉，门扉饰菱形镂空，上为穹窿形罩，并有弯管连通牛首，借以将烟炱废气导入牛腹内。通体饰有错银勾六神兽纹，纹饰有流动感，造型别致。

池模型（池底塑有六尾鲤鱼及其他水生生物）显示的养鱼方法，与本书所述方法一致，表明本书在东汉时已用于指导养鱼生产。

《养鱼经》里记载的养鱼法，与后世方法多有类似，是中国养鱼史上值得重视的珍贵文献。

光武帝诏州郡，检核天下垦田户口

建武十五年（39），光武帝刘秀因天下垦田多与实际不符，户口、年纪也有出入，下令"度田"。

"度田"，就是从增加政府租税和赋役收入出发，对全国的户口和土地进行清理、核实。因为田税和口钱是政府

汉代计量衡器。铁尺、权、铜量。

建武十一年大司农斛量器

的重要收入。起初，因军费多而田税征收高达十分之一，后来，屯田增加，战争又少，改为三十分之一。口钱是贫民重大负担，只有弄清天下户口数才能稳定口钱收入。"度田"在执行过程中，遇到很大阻力，因为此举触犯了地方豪强地主的利益。地方州郡官吏在度田时，不敢得罪豪强地主，对一般老百姓却十分苛刻。比如刘秀见地方

东汉光和二年大司农平斛量器

东汉建武廿一年乘舆斛量器。有盖，盖顶正中有环，盖面有三卧羊。斛体似套，腹部两侧有兽首衔环耳，底部以三立熊承托为足。通体鎏金。盘沿下铸铭文六十三字，记述了制造年代、名称、尺寸及工匠姓名等。

官陈留吏的奏牍上写着："颍川、弘农可问，河南、南阳不可问"。刘秀不解，幄幕后十二岁的刘阳（即后来的汉明帝）解释说："河南帝城多近臣；南阳帝乡多近亲、田宅逾制，不可为难。"尽管光武帝刘秀对度田不实的官员进行过严厉的惩处，如处死了大司徒欧阳歙、河南尹张伋及诸郡守十余人，但是豪族地方势力仍千方百计地把负担的赋税徭役转嫁到农民头上，同时以武装抗拒度田，从而加剧了社会的动荡。后来，刘秀采取镇压与分化瓦解相结合的办法，平息了度田引起的骚乱，使官府一年一度的度田和检核户口制度得以实行，有利于赋税、徭役的征调。

卫宏传《诗序》

　　《诗序》为《诗经》的研究著作。关于此书作者，历来众说纷纭，后比较推重为卫宏所作。因为《后汉书·儒林

东汉大吉买山地记。为研究东汉时期社会经济形态、土地价值和社会习俗的重要资料，也是书法艺术中的珍品。

列传》明言"（卫）宏从（谢）曼卿受学，因作《毛诗序》，善得风雅之旨，于今传于世。"卫宏为东汉初人，具体生卒年月及个人概况不祥。

《诗序》中提出了"六义"、"正变"、"美刺"等说。"六义"之说承《周礼》的"六诗"而来，其中的"风"、"雅"、"颂"一般被认为是诗的类型，"赋"、"比"、"兴"被认为是诗的表现方法。"六义"的提出，把《诗经》的学习和研究推进了一步。

虽《诗序》对《诗经》305篇作了不少牵强附会的解释，致使许多诗篇的本义被掩没，但它毕竟是先秦至汉代儒家诗说的总结。

梁鸿作《五噫歌》

　　梁鸿，字伯鸾，东汉诗人，扶风平陵（今陕西咸阳市）人。东汉初曾受业太学，博览群书。学毕，于上林苑牧猪。后归平陵，娶孟氏为妻，有德无容，为她取名孟光，字德曜。后同入霸陵山中隐居，以耕织为业。汉章帝时，梁鸿因事过京都洛阳，见宫殿富丽豪华，因作《五噫歌》："陟彼北芒兮，噫！顾览帝京兮，噫！宫室崔嵬兮，噫！人之劬劳兮，噫！辽辽未央兮，噫！"诗五句，每句末用一"噫"字感叹，为楚歌变体。讽刺章帝的奢华，感叹人民无休止的劳苦，表现出对国家和人民深切关怀和忧伤。诗歌触怒了章帝，章帝下诏搜捕。梁鸿只好改姓运期，名耀，字候光，南逃至吴，作雇工为生。主家因见孟光进食"举案齐眉"，认为妻子对丈夫如此敬重，定非凡俗之人，乃以礼待之。梁鸿于是闭门著书，隐居而终。梁鸿的诗富有现实性，反映东汉前期部分下层人士的不满情绪和反抗精神。

莎车王请置大都护

王莽末年，匈奴奴隶主贵族势力重新控制西域后，由于对西域各族的剥削和压迫，又激起各族人民的反抗。如其

新疆库车龟兹故城遗址

中的莎车和南道的一些小国就与匈奴对抗，与汉通好。建武十七年（41），莎车王贤派遣使者进贡，要求设置西域都护。光武帝就此事询问大司空窦融，窦融认为贤父子兄弟相约臣服汉朝，精神可嘉，应该加号位以示安抚。于是，刘秀赐西域都护印绶及车旗、锦绣、黄金等给莎车王贤。敦煌太守裴遵表示反对，认为夷狄之国不可给予大权，以免令其它小国失望。刘秀又下诏收回都护印绶，改赐汉大将军印绶。莎车使者很是不满裴遵强迫改换。莎车王贤由此怀恨在心，依然自称西域大都护，并发文书告示西域诸国，强迫诸国服属，又自称为单于。而且更加骄横，重敛赋税，又多次出兵攻打龟兹诸国。西域诸国深受其害，忧惧不安。莎车王请置大都护反映了东汉初期西域地区复杂的政治斗争，也表明东汉政府重新控制西域时机的到来。

废州牧改置刺史

建武十八年（42），光武帝刘秀下令废除州牧，改置刺史。

州牧原是西汉地方行政——州的最高长官，而刺史是汉武帝时为加强中央对地方百官及豪强的督察与控制而设的监察官。东汉时，朝廷进一步扩大刺史的职权范围。全国分十三州，每州设刺史一人，俸禄六百石。刺史有直接控制地方选举劾奏之权，对于不能胜任职位的郡守县令，刺史可以直接罢免。刺史的声望权力因之提高。东汉皇帝有时还依靠刺史处理地方政务，甚至把郡县长吏放在一边。至东汉末，刺史又拥有领兵打仗的大权。这样，刺史自身便由中央与地方间的中转机关，变成名副其实的地方行政长官。

东汉初年刺史职权范围的扩大，对加强中央集权起到一定积极作用。

马援平定岭南

　　东汉时，在今越南北部设交趾、九真、日南三郡。大多数岭南蛮人部落都愿接受东汉政府的领导，但也有个别蛮人首领不愿遵从汉法而起兵反叛，交趾女子征侧、征贰即为代表。

　　征侧为雒越将军之女，因不满东汉政府的交趾太守苏定在当地贯彻法令，遂与其妹征贰发动叛乱，征侧自立为王，交趾、九真、日南、合浦等地皆有响应，掠掳达60余城。汉光武帝刘秀派伏波将军马援、扶乐侯刘隆率军前往镇压。建武十八年（42）春，汉军与叛军战于浪泊之上，汉军大胜，叛军10000多人投降。马援率兵追逐征侧等至禁谿，叛军四散。次年正月，征侧、征贰被汉军斩首。接着，马援又率楼船两千余艘、战士20000余人，继续清剿征侧余党，岭南平定。东汉政府在镇压二征叛乱之后，在当地进行一系列经济、文化方面的建设与改革，如修治城廓，穿渠灌田，发展农业生产，纠正了越律与汉律相悖的条款，受到百姓的欢迎，对当地经济、文化的发展起了积极作用。

汉代纺织品流行西域

汉朝的建立，结束了秦的暴政和连年战乱，为文明古国农业生产的发展提供了有利条件，从而促进了纺织业的

东汉"延年益寿大宜子孙"锦。褐色地，黄、蓝二色显花，经锦。以各类图案化的瑞兽夹织有隶书"延年益寿大宜子孙"吉祥语。

发展。而经中亚通往南
亚、西亚以及欧洲、北
非的陆上贸易通道——
丝绸之路的存在，更促
使具有高水平的汉代纺
织品大量流行，进入西
域。丝绸之路不仅使大
量丝帛锦绣西运，同时
也使西域各国的"珍奇
异物"输入中国。丝绸
之路不仅是东西商业贸
易之路，也是中国和亚

东汉刺绣云纹粉袋。此件云纹刺绣粉袋用白绢作袋身，上
用红、黄、绿、棕、香色等丝线以辫绣法绣成单线云纹。
袋口镶以红色菱纹绮，作四叶状。形式美观，又便于收合
系结。

欧各国间政治往来、文化交流的通道。沿此路来往的有使节、
求法高僧、驼商队伍，古代史上的民族交涉、军事征讨也
常常依此路展开，也有些沿路民族专以中继贸易为生计。
总之，丝绸之路促进了贸易、文化交流，也促进了东西方
人民友好往来。

　　中国是世界上蚕丝、缫丝、织绸的原产地，曾以"丝国"
闻名于世。汉代的丝绸，为横贯亚欧大陆"丝绸之路"的
繁荣昌盛和贸易交往提供了物质基础。东汉的纺织品出土
于沿"丝绸之路"上，如甘肃居延遗址、新疆的罗布淖尔、
古楼兰和民丰尼雅遗址。此外，朝鲜乐浪王旴于墓、蒙古
诺彦乌拉墓地、苏联巴泽雷克冢墓、叙利亚巴尔米拉古墓等，

东汉"延年益寿"锦

发现了独特的汉隶铭文丝织品，以及缂毛等毛织品，还有
敷彩印花和蜡缬、夹缬等印染品。

汉纺织品包括丝织品、毛织品、麻织品、棉织品、印染
品等几种，这各类纺织品在西域都曾出土。如新疆民丰尼
雅出土的罗和绮，属于丝织品类；新疆民丰出土的"万世
如意"锦、"延年益寿大宜子孙"锦、罗布淖尔出土的"韩
仁"锦，是汉代丝织技术最高水平的标志。在甘肃武威汉

墓中发现的绒圈锦是迄今为止中国发现的最早的绒类织物。汉代的毛织品，品种有缂毛、斜褐等，主要出土于新疆境内的"丝绸之路"古道上。新疆民丰汉墓出土的蓝色蜡染棉布白布裤及手帕等，是棉织品的坯布，一般称为白叠布，其花纹图案显示了当时印刷技术具有较高的水平。汉代的印染技术比前代进步很多，已掌握了浸染、涂染、套染和媒染的一整套染色方法，印花也已用镂空版和手工彩绘相结合的工艺。甘肃磨嘴子汉墓中3件草篮裱糊的印花绢就是物证，艺术效果很好。新疆民丰出土的蓝白蜡染印花棉布最早采用蜡仿印染法的印染品。

东汉纺织品流行西域，不单体现了我国纺织技术发展的悠久历史和高度成就，也表明了我国在世界文明史中所作的杰出贡献和所处的不容忽视的地位。

西域十八国请置都护

　　建武十七年（41），莎车王贤请求东汉政府设置西域都护。光武帝刘秀赐莎车王西域都护印绶，后为敦煌太守裴遵所阻收回，贤怀恨在心，依然自称西域大都护，强迫诸

东汉铜马

国服属。

　　日渐骄横的莎车王以武力威胁西域各国，征敛重赋，企图兼并诸国，诸国忧惧。建武二十一年（45），车师、鄯善、焉耆等18国都派子弟入侍汉朝，贡献珍宝，请求汉朝派驻西域都护，保护诸国。光武帝刘秀认为天下初定，国力虚弱，北方尚未臣服，无力顾及西域。于是退回各国作为人质的子弟并赏赐大量珍宝。西域诸国闻讯十分忧虑，就写信给敦煌太守裴遵，愿意留下侍子为人质，以此向莎车国表示，西域都护即将出塞，借此威慑莎车国，使其不敢挑起事端。裴遵将此事上奏光武帝，刘秀表示同意。

东汉铜马

　　西域18国请置都护，表达了西域人民愿意接受东汉王朝的统治，加强西域与中原地区联系的强烈愿望。

董宣搏击豪强

东汉初年，统治阶级很注重对皇亲国戚及地方豪强的约束，董宣搏击豪强就是其中的一例。

董宣字少平，陈留圉（今河南杞县）人，光武时特征为洛阳令。建武十九年（43），湖阳公主的奴仆依仗主人权势，白日杀人。案发后，逃入公主家中，官吏不敢去公主家辑拿凶犯。湖阳公主出门时，杀人奴仆竟在车上陪同。董宣知道后，在洛阳城外万寿亭拦着公主车驾，用刀划地，历数公主过失，怒叱该奴仆下车，立即处死。湖阳公主回宫向刘秀告御状，刘秀顿时大怒，要杀董宣。董宣叩头说："圣德中兴，而纵奴杀人，将何以治天下呢？我不须箠死，请让我自杀！"于是以头撞柱，血流满面。刘秀让小黄门挟持董宣，强迫他向公主叩头陪罪，董宣不从，小黄门强按，董宣双手撑地，誓不俯首。湖阳公主见状气愤地说："文叔（指刘秀）为普通百姓时，敢匿藏逃亡犯死罪的人，地方官吏也不敢上门查问；今贵为天子，对一个洛阳令却毫无办法。"刘秀笑着说："天子和普通百姓不一样呀！"刘秀不但不惩罚董宣，还赐董宣钱30万。此后，董宣不畏

权势，敢于打击不法豪强的声名大振，号称"强项令"，京师贵戚没有不畏惧的。董宣死后，刘秀派使者前往吊唁，发现董宣遗体只用布被覆盖，家中唯有大麦数斛，旧车一乘，十分清寒。刘秀事后十分伤感地说："董宣廉洁，直到他死去我才知道！"

杜林去世

建武二十三年（47），东汉著名经学家、文字学家杜林去世。

杜林字伯山，扶风茂陵（今陕西咸阳市）人，早年好学深思，后从师张竦，博学多闻，时称通儒。在经学上，他专于研究《古文尚书》，曾得漆书《古文尚书》一卷，致力振兴古文经学，后再次引起今古经文之争，撰有《仓颉训纂》、《仓颉故》等书。建武六年任侍御史，建武十一年为光禄勋，建武二十二年任大司空，博雅多通，为人处事周密谨慎、公平。死后，光武帝刘秀亲自为他送葬。

袁康撰《越绝书》

　　东汉建武之末，会稽（今浙江绍兴）人袁康撰成《越绝书》，共 25 卷。所记内容为春秋末吴越两国争战的故事。书中对伍子胥、文种、范蠡、子贡等人的事迹记载颇为详细。多采用传闻异说，与其他史书所载颇多不同。

　　《越绝书》开创了地方志的编写先例，在中国古代史学史上占有一定地位。

复置乌桓校尉

建武二十五年（49），光武帝下诏恢复设置乌桓校尉。

东汉初，乌桓为害中国。他们在边塞附近骚扰，往来迅速，掠夺财物后飞驰塞外，给边郡生产和人民生活带来极大危害。建武二十一年（45），刘秀曾派伏波将军马援率3000骑兵袭击乌桓，乌桓得到消息后闻风而逃，当马援所率部队撤回时，乌桓军队则从其后袭击，结果使马援部损

和林格尔汉墓壁画。从墓室壁画内容及榜题可知墓主即汉乌桓校尉。此组壁画中，有不少乌桓、鲜卑人物形象。

失甚大，仅马匹一项就损失千余匹。建武二十五年（49），刘秀以币帛贿赂乌桓使其归化。辽西乌桓大人郝旦等922人率部众归化汉朝，到洛阳进贡。光武帝设宴款待其首领，并赐以珍宝。乌桓贵族愿留京师侍卫，刘秀就封乌桓渠帅81人为侯王君长，准许他们安居塞内，分布于边缘诸郡，协同防御匈奴、鲜卑。光武帝还接受司徒掾班彪的建议，在上谷宁城（今河北张家口市）重新设置乌桓校尉，管理赏赐、年度贸易等事务。

复置乌桓校尉，对东汉东北边境的安定和当地经济的发展都起到了积极作用。

匈奴分裂·南匈奴附汉

　　建武二十四年（48），匈奴日逐王比自立为南单于，匈奴分裂为南北两部，南匈奴附汉称臣。

　　匈奴单于舆封其侄比为右薁鞬日逐王，统领南边八部及乌桓。然而，单于舆对比并不信任，特派两骨都侯监领比

"汉匈奴粟借禺鞮" 铜印印文

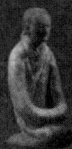

"汉匈奴栗借禺鞮"铜印

的军队。建武二十二年（46），单于舆死，他的儿子乌达鞮侯被立为单于；乌达鞮侯死，其弟蒲奴为单于。比终不能继位单于，心中大为不满，到西河太守处求"内附"汉朝。此事被来监视比的两骨都侯察觉，急向单于报告，并建议诛杀比。比之弟闻讯后立即给比通风报信。比得到消息后决定公开与蒲奴分裂。建武二十四年（48）春，匈奴八部大人共推比为呼韩邪单于，并派人至五原（今内蒙包头西北）塞，表示愿永为汉朝藩屏，抵御北虏。刘秀接受了比的归附。从此匈奴分为南、北两部。

南匈奴归附汉朝后，南单于派其弟左贤王莫率兵万余人攻击北匈奴，于建武二十五年（49），生擒北匈奴单于弟，又破北单于帐下，数万人投降南匈奴。北单于十分恐惧，立即向北撤退千余里。南匈奴派遣使者至京城洛阳，奉藩称臣，求派使者监护，进一步巩固与东汉王朝的关系。南匈奴附汉，解除了东汉王朝北面的忧患，对北方边境安宁、恢复地方生产、促进匈奴族的经济文化水平和民族大融合都起到了巨大作用。

《九章算术》总结先秦数学

　　《九章算术》是我国古代数学的经典著作，它上承先秦数学发展的源流，又经过汉代许多学者的删改增补，是先秦数学成就集大成的总结，它的出现，标志着中国古代数学体系的形成。

　　在长期生产实践活动中，我国古代劳动人民发现并总结了许多数学经验，并记录下来，这些成就散见于各种文献中，内容十分丰富。出土的汉简中，包含数学知识的简牍很多，从中已可看出先秦及汉代的数学发展水平，尤其是 1983 年 12 月至 1984 年 1 月出土于湖北江陵张家山西汉古墓的《算数术》，墓主人下葬时间初步断定为吕后二年（前 186）或稍晚，因而该成书绝不晚于西汉初年，它反映了先秦数学的某些成就是确定无疑的。它的内容包括两类，一是计算方法，一为应用问题。《汉书·艺文志》记载的《许商算术》《杜忠算术》都已失传，而《算数术》却不见记载。与《九章算术》比较，可以比较清楚地看出，它的成就被《九章算术》所继承和发展，其内容虽多有相同或相似，但《九章算术》论述得更为清晰、系统，其发展脉络十分清楚。因而认为《九

九章算經卷第一

魏劉徽注

唐朝議大夫行太史令上輕車都尉臣李淳風等奉　勅注釋

方田以御田疇界域

今有田廣十五步從十六步問爲田幾何

荅曰一畝

又有田廣十二步從十四步問爲田幾何

荅曰一百六十八步

圖從十四

圖廣十二

《九章算数》是中国古代著名的数学专著，大约成书于公元一世纪下半叶。它的问世标志着中国古代数学体系的形成。该书是世界上最早系统叙述分数运算的著作。

章算术》是先秦秦汉时期数学成就的总结应该是不成问题的。

《九章算术》不是成于一时一人之手，而是经历了漫长的过程，由多人逐步删改、修补而在东汉初年（50）最后形成定本的。

《九章算术》内容异常丰富，题材很广泛。它共九章，分为246题202术，主要内容依次为"方田"，用于田亩面积的计算，"粟米"是谷物粮食的按比例折算，"衰分"是比例分配问题，"少广"用于已知面积、体积而反求一边长和经长等，"商功"用于土石工程，体积计算，"均输"是赋税合理摊派问题，"盈不足"乃双设法问题，"方程"是一次方程组问题，"勾股"为利用勾股定理求解的各种问题，其中的大部分内容与当时的社会生活密切相关。

《九章算术》在很多方面有突出的成就，反映了这一时期我国数学的发展水平。其成就最突出地表现在分数运算，比例问题和"盈不足"算法方面。作为世界上最早系统叙述分数运算的著作，它在"方田"章中论述了约分、通分、比较不同分母分数的大小以及分数的四则运算。通分时它运用的是辗转相减法。在"粟米"、"衰分"、"均输"各章中涉及了许多比例问题，这在世界上也是最早的。比如今有术，也就是四项比例算法，可用公式表述为：所求数＝（所有数 × 所求率）÷ 所有率，即所求数：所求率＝所有数：所有率，它的应用非常广泛，其它如衰分术、反

衰术等都是由此推演、发展而来的各种算法，可见其重要性。"盈不足"术是我国古代解算难题方法，也是一项创造，如"人出八盈三，人出七则不足四，问人数物价各几何"，它需要两次假设才能得出答案，有人认为欧洲中世纪所称"双设法"就是这一方法经由阿拉伯传去的。

其次，在几何学方面也有杰出的成就，这时的几何学主要用于面积、体积计算。

其三，在代数方面的主要成就主要是一次方程组解法，负数概念的引入及其加减法法则，开平方，开立方，一般二次方程解法等。《九章算术》方程共18问，有的相当于二元一次方程组，有的相当于三元一次方程组，甚至有多达五个未知数的，而其中第13题涉及6个未知数，却只能列5个一次方程组，可以说是世界上最早的一次不定方程组。再有，开平方术，开立方术不但可解二项二次方程，二项三次方程，而且也可以解一般的二次数值方程和三次数值方程。它是我国古代解高次数值方程的基础，与线性方程组的解法一起，构成我国古代代数学的主要内容，《九章算术》对此阐述得十分详尽，足以标示这时期的代数学发展水平和所取得的成就，在我国数学史上占有重要的地位。

数学是研究现实世界中数量和空间关系的科学，《九章算术》中将数量关系和空间形式结合起来，成为其一大特色。

《九章算术》在我国和世界数学史上具有十分重要的地位。欧洲在16世纪才有人研究三元一次方程组，而线性方程组的理论及解法乃是18世纪末叶才出现的，这种比较足以见其先进性。

在我国先秦的典籍中，记录了不少数学知识，却没有《九章算术》那样的系统论述，尤其是其由易到难，由浅入深，从简单到复杂的编排体例，从而形成了中国传统数学的理论体系。因而后世的数学家，大都从此开始学习和研究，唐宋时《九章算术》是国家明令规定的教科书，北宋时由政府刊刻，又是世界上最早的印刷本数学书。隋唐时就已传入朝鲜、日本，现已被译成日、俄、德、法等多种文字。作为中国古代数学的系统总结，《九章算术》对中国传统数学的发展产生了极其深远的影响，在世界数学史上具有十分重要的地位。

北匈奴求和亲

北匈奴遭到南匈奴的打击后，退居漠北，社会经济极度
萎缩，力量大为削弱，建武二十七年（51）、二十八年、
三十一年和永平七年（64），北匈奴单于曾多次派遣使者
要求与汉和亲。东汉政府内部对如何处理同北匈奴的关系，

汉代小石桥，明代重修。

曾有过争论。有人主张按照对南匈奴的办法，接受请求，遣使监护；有人则主张趁北匈奴饥疫纷争之际，派兵将其彻底消灭。但光武帝刘秀认为：接受北匈奴的归附，会使南匈奴离心；出兵讨伐则敌不可尽，徒滋劳扰，所以采取羁縻政策，加以笼络，给予赏赐，略与所献相当就可以了。所以，对北匈奴多次请求和亲及派使者进贡，汉朝均按既定方针以朝廷文书报答，并赐给缯帛、弓矢、乐器等，但不派使者回报。后来，在永平七年（64）又准许"合市"，进行贸易。

桓谭反图谶

东汉是谶纬之学最猖獗的时代。"谶"是"诡为隐语，预决吉凶"的宗教预言，"纬"是用宗教迷信的观点，对封建经典（诗、书、易、礼、春秋等）进行解释，有文字有图画的就叫"图谶"。早在刘秀还是普通的刘氏宗室时，李通给他看图谶，认为："刘氏复起，李氏为辅"。刘秀建立东汉后，对图谶之学深信不疑，用人施政都要以谶纬作根据，各种重大问题的决策，也以谶纬来决定。谶纬被奉为官方学问，被称为"内学"，读书人必须记诵。

当谶纬之学盛行于天下时，在思想界也出现一些批判谶纬的学者，早期的桓谭就是其中的一个。桓谭（约前23～50），沛国相（今安徽宿县）人，著有《新论》，集中代表了他反谶纬思想。他认为：谶纬均是奇怪虚诞之事，是方士们把一些自然界的偶然现象作为天命的征兆编造出来的隐语或预言。精神不能脱离形体而存在，尤如烛光不能脱离蜡烛而存在一样。中元元年（56），皇帝召集群臣商议灵台（观象台）应建何处，刘秀又称当依据图谶而定，桓谭竭力反对，皇帝大怒，想杀掉他，结果被贬为六安郡丞，途中病故。

　　桓谭反图谶的无神论观点具有朴素的唯物论成份，在古代哲学史上具有很大意义。

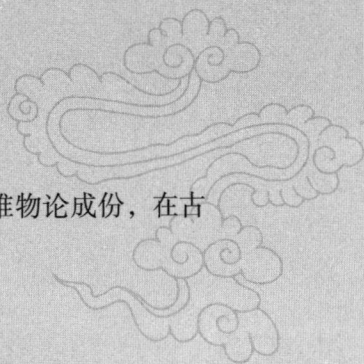

冠服制度完备

　　国家规定的礼服称为冠服，它往往集中反映社会的等级关系。冠服制度在秦代形成，西汉大体沿袭秦制，到东汉则开始完备，至于秦代以前的冠服制度则不可确考。秦统一中国后，在战国各国礼服的基础上，创立了中国大一统帝国的冠服制度，将"衣服旄旌节旗皆上黑，数以六为纪，符、法冠皆六寸"（《史记·秦始皇本记》）。

　　秦始皇着通天冠，根据《晋书·舆服志》记载，通天冠是秦代所制，高九寸左右，竖直，顶部稍斜向下，铁作卷梁，前面有展筩，冠前则加金博山述。在衣服方面，秦废除周代六冕之制、郊祀三服，而改为多用深红色或黑色带红，衣料大约以当时齐地东阿县的缯帛为最好。秦始皇佩"太阿三剑"，长古尺七尺，以显示其君主威严声势。

　　皇太子常用远游冠，形制像通天冠，也有展筩横在冠前，但没有山述，多用翠羽作绣，缀上白珠作装饰。秦后妃的冠服大约有冠子、花子、凤钗、短裙、丝鞋等。秦百官的冠大多取法六国，今天知道的有三种：高山冠、鹬冠、獬豸冠。

　　高山筩冠又叫侧注，高九寸，铁作卷梁，形制像通天冠，

汉代女侍立俑

汉代男侍立俑

但顶部竖直不斜，也没有展和山述。高山冠来源于齐国，秦统一天下后，用这种冠服的是中外官、谒者仆射、谒者等近臣。

鹖冠又叫武冠，加有双鹖尾。鹖是一种鸟，性子果勇，争斗中必斗死为止，本是赵国冠服，秦武将着用取其勇武的意思。侍中、中常侍也着武冠，但加上黄金档、附蝉、貂尾作装饰，称赵惠文冠。

獬豸冠又叫法冠，这种冠五寸高，展筒为纵，铁作柱卷，有不曲不挠的意思。传说中的獬豸独角且能分辩曲直。"见人斗，则触不直者；闻人论，则咋不正者。"（《续汉书·舆

服志》注引《异物志》）法官应当明辩事非，刚直不阿，所以楚王用獬豸形状制成衣冠，秦统一后，将这种冠给执法近臣御史着用。

至于袍服，秦采用深衣，始皇规定绢制绿袍深衣是三品以上官员穿着，庶民只可穿白袍。中国古代冠服制在秦代形成，秦冠服制是它的基础。

秦代掌管御府的御府令丞与六尚的尚衣、尚冠主持制作御服。

西汉冠服与秦代相似，但最终确定了进贤冠、绣衣和内宫之服。

进贤冠是文官所用，绣衣是汉武帝特派的直指使者所着，内宫之服即皇后、贵人的服制，都是深衣制，附饰也有明显区别，身份不同，附饰不同。

东汉冠服制更趋完备，它与秦应水德不同，应火德得天下，所以尊崇红色。

天子在祭祀天地、明堂、宗庙的重大场合着特制的冠—冕旒，穿黑红色上衣、浅红色下裳。常用朝服是：天子着通天冠，深衣制，有袍，应立春日、立夏日、先立秋十八日、立秋日和立冬日而着青红黄白黑五色；诸侯王着远游冠；近臣谒者着高山冠；诸文臣着进贤冠；执法吏着法冠；侍中、中常侍着鵔鸃冠；武官着武冠；五官、左右虎贲、五中郎将、羽林、羽林左右监着鹖冠。

此外，印绶象征权力，官职高低不同绶带颜色不同。

光武帝去世

　　建武中元二年（57）二月，光武帝刘秀死于南宫前殿，享年62岁。由第四子太子刘庄继位，称为明帝。

贮藏。汉代休养生息，人民生活富足，汉墓中出土大量陶仓。图为江陵凤凰山汉墓中出土的贮藏粮食的陶仓。

刘秀自平民而后成为天子，在尚未统一中国时，就提倡太学，厚赐博士弟子。以后南征北战，推翻王莽新朝，削平割据势力，重建汉家天下。东汉政权建立后，刘秀总揽万机，每天早早起来视朝理政，晚上很晚才回宫休息。有时与公卿、郎、将讲讨经理，直到夜半才睡。皇太子曾劝他爱惜身体，他说我乐于此举，不会为此而感到疲倦。刘秀一生，从善如流，注重吏治，释放奴婢，压制地方豪强，平徭简赋，关注民间疾苦，为东汉经济的恢复和发展起了很关键的作用。同时，还正确处理了与匈奴、乌桓、岭南、西南夷、西域等各民族的关系。死后，遗诏薄葬，以身作则为后世树立崇尚节俭的典范。